Hessische Bauordnung (HBO)

in der Fassung vom 15. Januar 2011

Zum 30.03.2015 aktuellste verfügbare Fassung der Gesamtausgabe

Textausgabe für Studium und Beruf

Impressum

© MGJV-Verlag, Hans-Much-Weg 14, 20249 Hamburg, Telefon: 040/ 32030589; Bitte wenden Sie sich mit Ihren Anliegen auch auf elektronischem Wege an uns: *MGJV.Verlag@gmail.com*

Inhaltliche Verantwortung und Aktualität: Redaktion MGJV

Satz, Druck und Bindung: Externe Dienstleister; alle Rechte MGJV-Verlag

Umschlaggestaltung: Gustav Broedecker. Alle Rechte MGJV-Verlag

Wir sind bemüht, ein ansprechendes Produkt zu gestalten, dass angemessenen Ansprüchen an das Preis/Leistungsverhältnis und vernünftigen Qualitätserwartungen gerecht wird. Konstruktive Anregungen nutzen wir gerne, um künftige Auflagen zu ergänzen und anzupassen.

- - - - -

Über eine Bewertung bei Amazon oder anderen Distributoren freut sich die Redaktion.Mit Kritik und Verbesserungsvorschlägen für künftige Ausgaben wenden Sie sich auch gerne an MGJV.Verlag@gmail.com

Vielen Dank, Ihre Redaktion MGJV

1

Inhaltsverzeichnis

3

ERSTER TEIL

Allgemeine Vorschriften

(1) [1] Dieses Gesetz gilt für bauliche Anlagen und Bauprodukte. [2] Es gilt auch für Grundstücke und für andere Anlagen und Einrichtungen, an die in diesem Gesetz oder in Vorschriften aufgrund dieses Gesetzes Anforderungen gestellt werden.

(2) Dieses Gesetz gilt nicht für

1.

Anlagen des öffentlichen Verkehrs einschließlich Zubehör, Nebenanlagen und Nebenbetriebe, mit Ausnahme von Gebäuden,

2.

Anlagen des nicht öffentlichen Luftverkehrs einschließlich Zubehör und Nebenanlagen, mit Ausnahme von Gebäuden,

3.

Anlagen, soweit sie der Bergaufsicht unterliegen, mit Ausnahme von oberirdischen Gebäuden,

4.

Wasserversorgungs- und Abwasseranlagen, die der öffentlichen Versorgung und Entsorgung dienen, mit Ausnahme von Gebäuden,

5.

Leitungen, die der öffentlichen Versorgung mit Elektrizität, Gas, Wärme oder Kälte, dem Fernmeldewesen oder dem Rundfunk dienen, und ihre Nebenanlagen, mit Ausnahme von Gebäuden, Masten und Unterstützungen,

6.

Rohrleitungen, die dem Ferntransport von Stoffen dienen, und ihre Nebenanlagen, mit Ausnahme von Gebäuden, Masten und Unterstützungen,

7.

Krane und Krananlagen,

8.

nachstehende Werbeanlagen

a)

Werbung an dafür genehmigten Säulen, Tafeln und Flächen,

b)

Werbemittel an Zeitungs- und Zeitschriftenverkaufsstellen,

c)

Auslagen und Dekorationen in Fenstern und Schaukästen,

d)

Wahlwerbung für die Dauer eines Wahlkampfes, außer im Außenbereich,

e)

Anlagen zur Unterrichtung der Bevölkerung über politische Veranstaltungen der Parteien, außer im Außenbereich,

9.

Friedhöfe und Nebenanlagen, wie Grabkreuze, Grabsteine und Grabdenkmale, mit Ausnahme von Gebäuden.

§ 2
Begriffe
(1) ¹ Bauliche Anlagen sind mit dem Erdboden verbundene, aus Bauprodukten hergestellte Anlagen. ² Eine Verbindung mit dem Erdboden besteht auch dann, wenn die Anlage durch eigene Schwere auf dem Erdboden ruht oder auf ortsfesten Bahnen begrenzt beweglich ist oder wenn die Anlage nach ihrem Verwendungszweck dazu bestimmt ist, überwiegend ortsfest genutzt zu werden. ³ Als bauliche Anlagen gelten

1.

Aufschüttungen und Abgrabungen,

2.

Lager-, Abstell- und Ausstellungsplätze,

7

3.

Sport-, Spiel-, Camping-, Zelt- und Wochenendplätze,

4.

Stellplätze für Kraftfahrzeuge und Abstellplätze für Fahrräder,

5.

Gerüste,

6.

Hilfseinrichtungen zur statischen Sicherung von Bauzuständen,

7.

ortsfeste oder ortsfest genutzte Anlagen, die der Ankündigung oder Anpreisung oder als Hinweis auf Gewerbe oder Beruf dienen und vom öffentlichen Verkehrsraum aus sichtbar sind (Werbeanlagen).

(2) Gebäude sind selbstständig nutzbare, überdeckte bauliche Anlagen, die von Menschen betreten werden können und geeignet oder bestimmt sind, dem Schutz von Menschen, Tieren oder Sachen zu dienen.

(3) [1] Gebäude werden in folgende Gebäudeklassen eingeteilt:

1.

Gebäudeklasse 1:

a)

freistehende Gebäude bis zu 7 m Höhe mit nicht mehr als zwei Nutzungseinheiten von insgesamt nicht mehr als 400 m^2 ,

b)

freistehende landwirtschaftlich genutzte Gebäude,

2.

Gebäudeklasse 2:

Gebäude bis zu 7 m Höhe mit nicht mehr als zwei Nutzungseinheiten von insgesamt nicht mehr als 400 m^2 ,

3.

Gebäudeklasse 3:

sonstige Gebäude bis zu 7 m Höhe,

4.

Gebäudeklasse 4:

Gebäude bis zu 13 m Höhe und Nutzungseinheiten mit jeweils nicht mehr als 400 m^2 in einem Geschoss,

5.

Gebäudeklasse 5:

sonstige Gebäude bis zu 22 m Höhe.

[2] § 45 bleibt unberührt. [3] Höhe im Sinne des Satz 1 ist das Maß der Oberkante des Rohfußbodens des höchstgelegenen Geschosses, in dem ein Aufenthaltsraum vorhanden oder möglich ist, über der Geländeoberfläche im Mittel. [4] Die Flächen nach Satz 1 sind die Brutto-Grundflächen, ausgenommen Flächen im Kellergeschoss.

(4) [1] Geschosse sind oberirdische Geschosse, wenn ihre Deckenoberkanten im Mittel mehr als 1,40 m über die Geländeoberfläche hinausragen, sonst sind sie Kellergeschosse. [2] Hohlräume zwischen der obersten Decke und der Bedachung, in denen Aufenthaltsräume nicht möglich sind, sind keine Geschosse. [3] Vollgeschosse sind oberirdische Geschosse, die eine Höhe von mindestens 2,30 m haben. [4] Ein gegenüber mindestens einer Außenwand des Gebäudes zurückgesetztes oberstes Geschoss (Staffelgeschoss) und ein Geschoss mit mindestens einer geneigten Dachfläche ist ein Vollgeschoss, wenn es diese Höhe über mehr als drei Viertel der Brutto-Grundfläche des darunter liegenden Geschosses hat. [5] Die Höhe der Geschosse wird von Oberkante Rohfußboden bis Oberkante Rohfußboden der darüber liegenden Decke, bei Geschossen mit Dachflächen bis Oberkante der Tragkonstruktion gemessen. [6] Untergeordnete Aufbauten über Dach und untergeordnete Unterkellerungen zur Unterbringung von maschinentechnischen Anlagen für die Gebäude sind keine Vollgeschosse. [7] Dachgeschosse sind Geschosse mit mindestens einer geneigten Dachfläche.

(5) [1] Geländeoberfläche ist die Höhe, die sich aus den Festsetzungen eines Bebauungsplans ergibt oder die in der Baugenehmigung oder Teilbaugenehmigung bestimmt ist. [2] Sonst ist die Höhe der natürlichen Geländeoberfläche maßgebend.

(6) Wohngebäude sind Gebäude, die überwiegend der Wohnnutzung dienen und außer Wohnungen allenfalls Räume für die Berufsausübung freiberuflich oder in ähnlicher Art Tätiger sowie die zugehörigen Garagen und Nebenräume enthalten.

(7) Barrierefreiheit ist die Zugänglichkeit und Nutzbarkeit der gestalteten Lebensbereiche für alle Menschen.

(8) Bauliche Anlagen und Räume besonderer Art oder Nutzung (Sonderbauten) sind

1.

Hochhäuser (Gebäude von mehr als 22 m Höhe im Sinne des Abs. 3 Satz 3),

2.

bauliche Anlagen mit mehr als 30 m Höhe über der Geländeoberfläche im Mittel,

3.

Gebäude mit mehr als 1 600 m^2 Brutto-Grundfläche des Geschosses mit der größten Ausdehnung, ausgenommen Wohngebäude,

4.

Verkaufsstätten, deren Verkaufsräume und Ladenstraßen mehr als 2 000 m^2 Brutto-Grundfläche haben,

5.

Büro- und Verwaltungsgebäude mit mehr als 3 000 m^2 Brutto-Grundfläche,

6.

Versammlungsstätten

a)

mit Versammlungsräumen, die einzeln mehr als 200 Besucher fassen, sowie Versammlungsstätten mit mehreren Versammlungsräumen, die insgesamt mehr als 200 Besucher fassen, wenn diese Versammlungsräume gemeinsame Rettungswege haben,

b)

im Freien mit Szenenflächen, deren Besucherbereich mehr als 1 000 Besucher fasst und ganz oder teilweise aus baulichen Anlagen besteht,

c)

Sportstadien, die mehr als 5 000 Besucher fassen,

7.

Krankenhäuser und sonstige Anlagen zur Unterbringung oder Pflege von Kindern, alten, kranken, behinderten oder aus anderen Gründen hilfsbedürftigen Personen,

8.

Tageseinrichtungen für Kinder mit dem Aufenthalt von Kindern dienenden Räumen außerhalb des Erdgeschosses,

9.

a)

Schank- und Speisegaststätten mit insgesamt mehr als 120 m^2 Brutto-Grundfläche der Gasträume oder mit nicht im Erdgeschoss liegenden Gasträumen von insgesamt mehr als 70 m^2 Brutto-Grundfläche,

b)

Beherbergungsbetriebe mit mehr als 30 Gastbetten und

c)

Spielhallen mit mehr als 150 m^2 Brutto-Grundfläche,

10.

Schulen, Hochschulen und ähnliche Einrichtungen,

11.

Justizvollzugsanstalten und bauliche Anlagen für den Maßregelvollzug,

12.

Garagen mit mehr als 1 000 m^2 Nutzfläche einschließlich der Verkehrsflächen,

13.

Fliegende Bauten,

14.

Zelt-, Camping- und Wochenendplätze,

15.

Freizeit- und Vergnügungsparks,

16.

Hochregalanlagen, ausgenommen in selbsttragenden Gebäuden,

17.

bauliche Anlagen, deren Nutzung durch Umgang mit oder Lagerung von Stoffen mit Explosions- oder erhöhter Brandgefahr verbunden ist,

18.

sonstige bauliche Anlagen oder Räume, durch deren besondere Art oder Nutzung die sie nutzenden Personen oder die Allgemeinheit in vergleichbarer Weise gefährdet oder unzumutbar benachteiligt oder belästigt werden können.

(9) Aufenthaltsräume sind Räume, die zum nicht nur vorübergehenden Aufenthalt von Menschen bestimmt oder geeignet sind.

(10) ¹ Stellplätze für Kraftfahrzeuge und Abstellplätze für Fahrräder sind Flächen, die dem Abstellen der Fahrzeuge außerhalb der öffentlichen Verkehrsflächen dienen. ² Garagen sind ganz oder teilweise umschlossene Räume zum Abstellen von Kraftfahrzeugen. ³ Ausstellungs-, Verkaufs-, Werk- und Lagerflächen oder -räume für Kraftfahrzeuge gelten nicht als Stellplätze und Garagen im Sinne dieser Vorschrift.

(11) ¹ Feuerungsanlagen sind Anlagen, die aus Feuerstätten sowie Abgasanlagen, wie Schornsteine, Abgasleitungen und Verbindungsstücke, bestehen.² Feuerstätten sind

1.

ortsfest benutzte Anlagen und Bauprodukte in oder an Gebäuden und

2.

selbstständige bauliche Anlagen,

die dazu bestimmt sind, durch Verbrennung Wärme zu erzeugen, ausgenommen Verbrennungsmotoren.

(12) Bauprodukte sind

1.

Baustoffe, Bauteile und Anlagen, die hergestellt werden, um dauerhaft in bauliche Anlagen eingebaut zu werden,

2.

aus Baustoffen und Bauteilen vorgefertigte Anlagen, die hergestellt werden, um mit dem Erdboden verbunden zu werden, wie Fertighäuser, Fertiggaragen und Silos.

(13) Bauart ist das Zusammenfügen von Bauprodukten zu baulichen Anlagen oder zu Teilen von baulichen Anlagen.

(14) Als öffentlich-rechtliche Sicherung gelten die Begründung einer Baulast, Festsetzungen eines Bebauungsplans oder sonstige öffentlich-rechtliche Vorschriften, aus denen sich der Sicherungszweck zwingend ergibt.

§ 3
Allgemeine Anforderungen

(1) Bauliche Anlagen sowie andere Anlagen und Einrichtungen im Sinne des § 1 Abs. 1 Satz 2 sind so anzuordnen, zu errichten, zu ändern und instand zu halten, dass die öffentliche Sicherheit und Ordnung, insbesondere Leben, Gesundheit und die natürlichen Lebensgrundlagen nicht gefährdet werden.

(2) Bauprodukte dürfen nur verwendet werden, wenn bei ihrer Verwendung die baulichen Anlagen bei ordnungsgemäßer Instandhaltung während einer dem Zweck entsprechenden angemessenen Zeitdauer die Anforderungen dieses Gesetzes oder aufgrund dieses Gesetzes erfüllen und gebrauchstauglich sind.

(3) [1] Die von der obersten Bauaufsichtsbehörde durch öffentliche Bekanntmachung als Technische Baubestimmungen eingeführten technischen Regeln sind zu beachten. [2] Bei der Bekanntmachung kann hinsichtlich ihres Inhalts auf die Fundstelle verwiesen werden. [3] Von den Technischen Baubestimmungen kann abgewichen werden, wenn mit einer anderen Lösung in gleichem Maße die allgemeinen Anforderungen des Abs. 1 erfüllt werden; § 16 Abs. 3, § 20 und § 63 bleiben unberührt.

(4) Für den Abbruch und die Beseitigung baulicher Anlagen oder anderer Anlagen und Einrichtungen im Sinne des § 1 Abs. 1 Satz 2 oder von ihren Teilen, für ihre Nutzungsänderung und für die Baustelle gelten Abs. 1 und 3 entsprechend.

ZWEITER TEIL
Das Grundstück und seine Bebauung
§ 4
Bebauung der Grundstücke

(1) Gebäude dürfen nur errichtet werden, wenn gesichert ist, dass ab Beginn ihrer Nutzung das Grundstück in für die Zufahrt und den Einsatz von Feuerlösch- und Rettungsgeräten ausreichender Breite an einer befahrbaren öffentlichen Verkehrsfläche liegt oder eine befahrbare, öffentlich-rechtlich

gesicherte Zufahrt in ausreichender Breite zu einer solchen Verkehrsfläche hat; Wohnwege, an denen nur Wohngebäude der Gebäudeklassen 1 bis 3 zulässig sind, brauchen nur befahrbar zu sein, wenn sie länger als 50 m sind.

(2) [1] Die Errichtung eines Gebäudes auf mehreren Grundstücken ist nur zulässig, wenn öffentlich-rechtlich gesichert ist, dass keine Verhältnisse eintreten können, die den Vorschriften dieses Gesetzes oder den aufgrund dieses Gesetzes erlassenen Vorschriften zuwiderlaufen, und das Gebäude auf den Grundstücken diesen Vorschriften so entspricht, als wären die Grundstücke ein Grundstück. [2] Dies gilt bei bestehenden Gebäuden nicht für eine Außenwand- und Dachdämmung, die über die Bauteilanforderungen der Energieeinsparverordnung vom 24. Juli 2007 (BGBl. I S. 1519), geändert durch Verordnung vom 29. April 2009 (BGBl. I S. 954), in der jeweils geltenden Fassung für bestehende Gebäude nicht hinausgeht. [3] Satz 2 gilt entsprechend für die mit der Wärmedämmung zusammenhängenden notwendigen Änderungen von Bauteilen.

§ 5
Zugänge und Zufahrten auf den Grundstücken

(1) [1] Von öffentlichen Verkehrsflächen ist insbesondere für die Feuerwehr ein geradliniger Zu- oder Durchgang zu rückwärtigen Gebäuden zu schaffen; zu anderen Gebäuden ist er zu schaffen, wenn der zweite Rettungsweg dieser Gebäude über Rettungsgeräte der Feuerwehr führt. [2] Zu Gebäuden, bei denen die Oberkante der Brüstung von zum Anleitern bestimmten Fenstern oder Stellen mehr als 8 m über der Geländeoberfläche liegt, ist in den Fällen des Satz 1 anstelle eines Zu- oder Durchganges eine Zu- oder Durchfahrt zu schaffen. [3] Ist für die Personenrettung der Einsatz von Hubrettungsfahrzeugen erforderlich, sind die dafür erforderlichen Aufstell- und Bewegungsflächen herzustellen. [4] Bei Gebäuden, die ganz oder mit Teilen mehr als 50 m von einer öffentlichen Verkehrsfläche entfernt sind, sind Zufahrten oder Durchfahrten nach Satz 2 zu den vor und hinter den Gebäuden gelegenen Grundstücksteilen und Bewegungsflächen herzustellen, wenn sie aus Gründen des Feuerwehreinsatzes erforderlich sind. [5] Soweit erforderliche Flächen nicht auf dem Grundstück liegen, müssen sie öffentlich-rechtlich gesichert sein.

(2) [1] Zu- und Durchfahrten, Aufstellflächen und Bewegungsflächen müssen für Feuerwehrfahrzeuge ausreichend befestigt und tragfähig sein; sie sind als solche zu kennzeichnen und ständig freizuhalten; die Kennzeichnung von Zufahrten muss von der öffentlichen Verkehrsfläche aus sichtbar sein. [2] Fahrzeuge dürfen auf den Flächen nach Satz 1 nicht abgestellt werden.

§ 6
Abstandsflächen und Abstände

(1) [1] Vor den oberirdischen Außenwänden von Gebäuden sind Flächen von oberirdischen Gebäuden sowie von Anlagen und Einrichtungen nach Abs. 8 freizuhalten (Abstandsflächen). [2] Abstandsflächen sind nicht erforderlich vor Außenwänden, die an Nachbargrenzen errichtet werden, wenn nach planungsrechtlichen Vorschriften

1.

   das Gebäude an die Grenze gebaut werden muss oder

2.

   das Gebäude an die Grenze gebaut werden darf und öffentlich-rechtlich gesichert ist, dass vom Nachbargrundstück angebaut wird.

[3] Darf nach planungsrechtlichen Vorschriften nicht an die Nachbargrenze gebaut werden, ist aber auf dem Nachbargrundstück ein Gebäude an der Grenze vorhanden, kann gestattet oder verlangt werden, dass angebaut wird. [4] Muss nach planungsrechtlichen Vorschriften an die Nachbargrenze gebaut werden, ist aber auf dem Nachbargrundstück ein Gebäude mit Abstand zu dieser Grenze vorhanden, kann gestattet oder verlangt werden, dass eine Abstandsfläche eingehalten wird. [5] Nachbargrenzen sind Grundstücksgrenzen zu benachbarten Grundstücken, die mit Gebäuden bebaut sind oder für eine Bebauung mit Gebäuden in Betracht kommen. [6] Der Anbau an andere Gebäude muss, soweit dies städtebaulich vertretbar ist, nicht deckungsgleich sein. [7] Soweit Gebäude nicht durch Außenwände abgeschlossen sind, tritt an deren Stelle eine gedachte, auf die Vorderkanten der umgebenden Bauteile bezogene Abschlussfläche.

(2) [1] Die Abstandsflächen müssen auf dem Grundstück selbst liegen. [2] Sie dürfen auch auf öffentlichen Verkehrsflächen, öffentlichen Grünflächen und öffentlichen Wasserflächen liegen, jedoch nur bis zu deren Mitte.

(3) [1] Die Abstandsflächen dürfen sich nicht überdecken. [2] Dies gilt nicht für

1.

   Außenwände, die in einem Winkel von mehr als 75° zueinander stehen,

2.

   Außenwände zu einem fremder Sicht entzogenen Gartenhof bei Wohngebäuden mit nicht mehr als zwei Wohnungen und

3.

   Gebäude, andere bauliche Anlagen, andere Anlagen und Einrichtungen nach § 1 Abs. 1 Satz 2, die in der Abstandsfläche zulässig sind oder zugelassen werden können.

(4) [1] Die Tiefe der Abstandsfläche bemisst sich nach der Wandhöhe; sie wird rechtwinklig zur Wand gemessen. [2] Als Wandhöhe gilt das Maß von der Geländeoberfläche bis zur Schnittlinie der Wand mit der Dachhaut oder bis zum oberen Abschluss der Wand; bei gestaffelten Wänden gilt dies für den jeweiligen Wandabschnitt. [3] Bei geneigter Geländeoberfläche oder bei geneigtem oberen Wandabschluss kann die mittlere Wandhöhe (Wandfläche

geteilt durch größte Wandbreite) zugrunde gelegt werden; für die Mittelung sind Wandabschnitte bis zu einer Länge von 16 m zu bilden. 4 Als Wand gelten

1.

Dachaufbauten in Verlängerung der Außenwand oder mit Rücksprung bis zu 0,50 m hinter die Außenwand,

2.

Dachaufbauten, wenn deren Gesamtbreite je Dachfläche zusammen mehr als die Hälfte der Breite der darunter liegenden Außenwand beträgt, und

3.

Dächer und Dachteile mit einer Dachneigung von mehr als 70°.

5 Zur Wandhöhe werden zu einem Drittel hinzugerechnet:

1.

Dächer und Dachteile mit einer Dachneigung von mehr als 45° bis 70°,

2.

Dachaufbauten auf Dächern und Dachteilen bis zu 45° Dachneigung, wenn deren Gesamtbreite je Dachfläche zusammen mehr als ein Fünftel, jedoch nicht mehr als die Hälfte der Breite der darunter liegenden Außenwand beträgt.

6 Das sich ergebende Maß ist H.

(5) 1 Die Tiefe der Abstandsfläche beträgt

1. allgemein   0,4 H,

2. in Gewerbe- und Industriegebieten, ausgenommen an den 0,2 H.
Grenzen zu Gebieten anderer Nutzung

2 Den Gewerbe- und Industriegebieten stehen nach ihrer Nutzung vergleichbare Sondergebiete sowie im Zusammenhang bebaute Ortsteile, die diesen Gebieten nach Art ihrer tatsächlichen baulichen oder sonstigen Nutzung entsprechen, gleich. 3 Das jeweilige Maß ist auf volle 10 cm abzurunden. 4 In allen Fällen muss die Tiefe der Abstandsflächen mindestens 3 m betragen.

(6) 1 Untergeordnete Bauteile, die nicht mehr als 1,50 m vor die Außenwand vortreten und von Nachbargrenzen mindestens 2 m entfernt bleiben, bleiben bei der Bemessung der Abstandsflächen außer Betracht. 2 Dies gilt insbesondere für

1.

Gesimse und Dachvorsprünge,

2.

Hauseingangstreppen und deren Überdachungen,

3.

Erker und Balkone, die insgesamt nicht mehr als ein Drittel der Breite der jeweiligen Außenwand in Anspruch nehmen; die Länge von übereinander angeordneten Balkonen wird im Bereich der Überschneidungen nicht zusammengezählt.

³ Außenwand- und Dachdämmungen, die dem Wärmeschutz und der Energieeinsparung dienen und über die Bauteilanforderungen der Energieeinsparverordnung in der jeweils geltenden Fassung nicht hinausgehen, dürfen bei bestehenden Gebäuden in die Tiefe der Abstandsflächen hineinragen; § 4 Abs. 2 Satz 3 gilt entsprechend. ⁴ Eine nach § 4 Abs. 2 Satz 2 zulässige Überbauung ändert die Abstandsfläche des Gebäudes nicht.

(7) ¹ In Gewerbe- und Industriegebieten genügt abweichend von Abs. 5 bei Wänden ohne Öffnungen als Tiefe der Abstandsflächen

1.

1,50 m, wenn die Wände mindestens feuerhemmend sind und einschließlich ihrer Verkleidungen aus nichtbrennbaren Baustoffen bestehen,

2.

3 m, wenn die Wände mindestens feuerhemmend sind oder wenn sie einschließlich ihrer Verkleidungen aus nichtbrennbaren Baustoffen bestehen.

² Das gilt nicht für Abstandsflächen gegenüber Nachbargrenzen.

(8) ¹ Für bauliche Anlagen sowie andere Anlagen und Einrichtungen nach § 1 Abs. 1 Satz 2, von denen Wirkungen wie von Gebäuden ausgehen, gelten Abs. 1 bis 7 entsprechend. ² Keine Wirkungen wie von Gebäuden sind insbesondere anzunehmen, bei

1.

Abfalleinrichtungen bis zu 1,5 m Höhe über der Geländeoberfläche,

2.

17

Aufschüttungen bis zu 1 m Höhe über der Geländeoberfläche, einschließlich Stützmauern,

3.

nicht überdachten Freisitzen und

4.

Terrassen, die nicht mehr als 1 m über der Geländeoberfläche angeordnet oder einschließlich ihrer Brüstung nicht mehr als 2 m hoch sind.

(9) In den Abstandsflächen eines Gebäudes und zu diesem ohne eigene Abstandsfläche sind zulässig:

1.

erdgeschossige Garagen bis 100 m^2 Nutzfläche,

2.

erdgeschossige Gebäude und sonstige Anlagen und Einrichtungen nach Abs. 8,

3.

gebäudeunabhängige Solaranlagen bis 3 m Höhe und bis zu 9 m Länge, Solaranlagen an und auf Gebäuden nach Nr. 1.

(10) [1] Ohne Abstandsfläche jeweils unmittelbar an oder an aneinanderstoßenden Nachbargrenzen sind je Baugrundstück zulässig:

1.

eine Garage oder aneinandergebaute Garagen einschließlich Abstellraum oder -fläche,

2.

eine überdachte Zufahrt zu Tiefgaragen,

3.

ein untergeordnetes Gebäude für Abstellzwecke,

4.

ein untergeordnetes Gebäude zur örtlichen Versorgung mit Energie, Kälte oder Wasser,

18

5.

bis zu drei Stellplätze,

6.

Einfriedungen, Sichtschutzzäune und Terrassentrennwände in Gewerbe-
und Industriegebieten, außerhalb dieser Baugebiete mit einer Höhe bis zu
2 m über der Geländeoberfläche,

7.

Stützmauern zur Sicherung des natürlichen Geländes,

8.

ein Holzlagerplatz mit Lagerungen bis zu 1 m Höhe über der
Geländeoberfläche und 6 m Länge je Grundstücksgrenze,

9.

Solaranlagen nach Abs. 9 Nr. 3 bei Einhaltung einer mittleren Gesamthöhe
von 3 m.

[2] Die Länge der Grenzbebauung darf bei den Anlagen nach Satz 1 Nr. 1 bis 5
insgesamt 15 m nicht überschreiten; Dachüberstände sind einzurechnen.[3] Bei
den Anlagen nach Satz 1 Nr. 1 bis 4 darf die grenzseitige mittlere Wandhöhe
über der Geländeoberfläche nicht höher als 3 m und die Fläche dieser Wände
an jeder Nachbargrenze insgesamt nicht größer als 25 m^2 sein.

(11) Festsetzungen eines Bebauungsplans oder einer anderen bauplanungs-
oder bauordnungsrechtlichen Satzung, die die Tiefe der Abstandsflächen
bindend bestimmen, haben Vorrang.

§ 7
Übernahme der Abstandsflächen und Abstände auf Nachbargrundstücke, Grundstücksteilung

(1) Soweit nach diesem Gesetz oder nach Vorschriften aufgrund dieses
Gesetzes Abstandsflächen und Abstände auf dem Baugrundstück selbst liegen
müssen, dürfen sie sich ganz oder teilweise auf andere Grundstücke
erstrecken, wenn öffentlich-rechtlich gesichert ist, dass sie nicht überbaut und
auf die auf diesen Grundstücken erforderlichen Abstandsflächen und Abstände
nicht angerechnet werden.

(2) [1] Durch die Teilung eines Grundstücks, das bebaut oder dessen Bebauung
genehmigt ist, dürfen keine Verhältnisse geschaffen werden, die Vorschriften
dieses Gesetzes oder aufgrund dieses Gesetzes widersprechen. [2] Soll bei einer
Teilung nach Satz 1 von Vorschriften dieses Gesetzes oder aufgrund dieses
Gesetzes abgewichen werden, ist § 63 Abs. 3 entsprechend anzuwenden.

(1) ¹ Die nicht überbauten Flächen der bebauten Grundstücke sind

1.

wasserdurchlässig zu belassen oder herzustellen und

2.

zu begrünen oder zu bepflanzen,

soweit sie nicht für eine andere zulässige Verwendung benötigt werden. ² Satz 1 findet keine Anwendung, soweit Bebauungspläne oder andere Satzungen Festsetzungen zu den nicht überbauten Flächen treffen.

(2) ¹ Werden mehr als drei Wohnungen errichtet, ist auf dem Baugrundstück oder öffentlich-rechtlich gesichert in unmittelbarer Nähe ein Spielplatz für Kleinkinder (bis zu sechs Jahren) anzulegen, zu unterhalten und in die Bepflanzung der nicht überbauten Flächen einzubeziehen. ² Seiner Herstellung bedarf es nicht, wenn

1.

ein für Kleinkinder geeigneter, auch für das Baugrundstück bestimmter öffentlich-rechtlich gesicherter Spielplatz oder ein öffentlicher Spielplatz in unmittelbarer Nähe geschaffen wird oder vorhanden ist oder

2.

die Art oder Lage der Wohnungen einen Kinderspielplatz nicht erfordert.

DRITTER TEIL
Bauliche Anlagen
Erster Abschnitt
Allgemeine Anforderungen an die Bauausführung
§ 9
Gestaltung

(1) Bauliche Anlagen müssen nach Form, Maßstab, Verhältnis der Baumassen und Bauteile zueinander, Werkstoff und Farbe so gestaltet sein, dass sie nicht verunstaltet wirken.

(2) Bauliche Anlagen sind mit ihrer Umgebung derart in Einklang zu bringen, dass sie das Straßen-, Orts- oder Landschaftsbild nicht verunstalten oder deren beabsichtigte Gestaltung nicht stören.

§ 10
Baustelle

(1) Baustellen sind so einzurichten, dass bauliche Anlagen sowie andere

Anlagen und Einrichtungen im Sinne des § 1 Abs. 1 Satz 2 ordnungsgemäß errichtet, geändert, abgebrochen, instand gehalten oder beseitigt werden können und Gefahren, vermeidbare Nachteile oder vermeidbare Belästigungen nicht entstehen.

(2) ¹ Für die Dauer der Ausführung von Vorhaben, die nicht nach § 55 oder aufgrund des § 80 Abs. 4 Satz 1 Nr. 1 baugenehmigungsfrei sind, ist an der Baustelle ein Schild dauerhaft anzubringen, das mindestens die Nutzungsart des Gebäudes, die Zahl seiner Geschosse und die Namen und Anschriften der am Bau Beteiligten (§§ 48 bis 51) enthalten muss. ² Das Schild muss vom öffentlichen Verkehrsraum aus sichtbar sein.

(3) ¹ Bei Tagesunterkünften auf Baustellen sind Abweichungen von § 13 Abs. 2 Satz 1 und §§ 25 bis 44 zulässig, wenn keine Gründe nach § 3 Abs. 1 entgegenstehen. ² Die an Gebäude der Gebäudeklasse 1 gestellten Anforderungen des Brandschutzes gelten entsprechend.

§ 11
Standsicherheit

(1) ¹ Jede bauliche Anlage muss, auch unter Berücksichtigung der Baugrund- und Grundwasserverhältnisse, im Ganzen, in ihren einzelnen Teilen und für sich allein standsicher sein. ² Die Standsicherheit anderer baulicher Anlagen und die Tragfähigkeit des Baugrundes des Nachbargrundstücks dürfen nicht gefährdet werden. ³ Satz 1 und 2 gelten auch für andere Anlagen und Einrichtungen im Sinne des § 1 Abs. 1 Satz 2.

(2) Die Verwendung gemeinsamer Bauteile für mehrere bauliche Anlagen ist zulässig, wenn öffentlich-rechtlich und technisch gesichert ist, dass die gemeinsamen Bauteile beim Abbruch einer der baulichen Anlagen stehen bleiben können.

§ 12
Schutz gegen schädliche Einflüsse

¹ Bauliche Anlagen müssen so angeordnet, beschaffen und gebrauchstauglich sein, dass durch Wasser, Feuchtigkeit, Einflüsse der Witterung, pflanzliche oder tierische Schädlinge oder durch andere chemische, physikalische oder biologische Einflüsse Gefahren, unzumutbare Nachteile oder unzumutbare Belästigungen nicht entstehen. ² Grundstücke müssen für bauliche Anlagen entsprechend geeignet sein.

§ 13
Brandschutz

(1) Bauliche Anlagen sowie andere Anlagen und Einrichtungen im Sinne des § 1 Abs. 1 Satz 2 sind so anzuordnen, zu errichten, zu ändern und instand zu halten, dass der Entstehung eines Brandes und der Ausbreitung von Feuer und Rauch vorgebeugt wird und bei einem Brand die Rettung von Menschen und Tieren sowie wirksame Löscharbeiten möglich sind.

(2) ¹ Bauteile und ihre Baustoffe müssen die Mindestanforderungen der in der Anlage 1 enthaltenen Übersicht erfüllen. ² Die Verwendung brennbarer

Baustoffe ist zulässig, soweit in diesem Gesetz oder in Vorschriften aufgrund dieses Gesetzes nichts anderes bestimmt ist. ³ Leichtentflammbare Baustoffe dürfen nicht verwendet werden; dies gilt nicht für Baustoffe, wenn sie in Verbindung mit anderen Baustoffen nicht leichtentflammbar sind.

(3) ¹ Für Nutzungseinheiten mit mindestens einem Aufenthaltsraum, wie Wohnungen, Praxen, selbstständige Betriebsstätten, müssen in jedem Geschoss mindestens zwei voneinander unabhängige Rettungswege vorhanden sein; beide Rettungswege dürfen jedoch innerhalb eines Geschosses über denselben notwendigen Flur führen. ² Der erste Rettungsweg muss für Nutzungseinheiten, die nicht zu ebener Erde liegen, über mindestens eine notwendige Treppe führen. ³ Der zweite Rettungsweg kann eine weitere notwendige Treppe, eine Außentreppe oder eine mit Rettungsgeräten der Feuerwehr erreichbare Stelle der Nutzungseinheit sein. ⁴ Ein zweiter Rettungsweg ist nicht erforderlich, wenn die Rettung über einen sicher erreichbaren Treppenraum möglich ist, in den Feuer und Rauch nicht eindringen können (Sicherheitstreppenraum). ⁵ Gebäude, deren zweiter Rettungsweg über Rettungsgeräte der Feuerwehr führt und bei denen die Oberkante der Brüstung von zum Anleitern bestimmten Fenstern oder Stellen mehr als 8 m über der Geländeoberfläche liegt, dürfen nur errichtet werden, wenn die Feuerwehr über die erforderlichen Rettungsgeräte, wie Hubrettungsfahrzeuge, verfügt.

(4) Bauliche Anlagen sowie andere Anlagen und Einrichtungen im Sinne des § 1 Abs. 1 Satz 2, bei denen nach Lage, Bauart oder Nutzung Blitzschlag leicht eintreten oder zu schweren Folgen führen kann, sind mit dauernd wirksamen Blitzschutzanlagen zu versehen.

(5) ¹ In Wohnungen müssen Schlafräume und Kinderzimmer sowie Flure, über die Rettungswege von Aufenthaltsräumen führen, jeweils mindestens einen Rauchwarnmelder haben. ² Die Rauchwarnmelder müssen so eingebaut oder angebracht und betrieben werden, dass Brandrauch frühzeitig erkannt und gemeldet wird. ³ Die Eigentümerinnen und Eigentümer vorhandener Wohnungen sind verpflichtet, jede Wohnung bis zum 31. Dezember 2014 entsprechend auszustatten. ⁴ Die Sicherstellung der Betriebsbereitschaft obliegt den unmittelbaren Besitzerinnen und Besitzern, es sei denn, die Eigentümerinnen oder die Eigentümer haben diese Verpflichtung übernommen.

§ 14
Wärmeschutz, Schallschutz, Erschütterungsschutz

(1) Gebäude müssen einen ihrer Nutzung und den klimatischen Verhältnissen entsprechenden Wärmeschutz haben.

(2) ¹ Gebäude müssen einen ihrer Nutzung und Lage entsprechenden Schallschutz haben. ² Geräusche, die von ortsfesten Anlagen oder Einrichtungen in baulichen Anlagen oder auf Baugrundstücken ausgehen, sind so zu dämmen, dass Gefahren, unzumutbare Nachteile oder unzumutbare Belästigungen nicht entstehen.

(3) Erschütterungen oder Schwingungen, die von ortsfesten Anlagen oder Einrichtungen in baulichen Anlagen oder auf Baugrundstücken ausgehen, sind

so zu dämmen, dass Gefahren, unzumutbare Nachteile oder unzumutbare Belästigungen nicht entstehen.

§ 15
Verkehrssicherheit

(1) Bauliche Anlagen und die dem Verkehr dienenden nicht überbauten Flächen von bebauten Grundstücken müssen verkehrssicher sein.

(2) Die Sicherheit und Leichtigkeit des öffentlichen Verkehrs dürfen durch bauliche Anlagen und andere Anlagen und Einrichtungen im Sinne des § 1 Satz 2 oder durch ihre Nutzung nicht gefährdet werden.

Zweiter Abschnitt
Bauprodukte, Bauarten

§ 16
Bauprodukte

(1) ¹ Bauprodukte dürfen für die Errichtung, Änderung und Instandhaltung baulicher Anlagen nur verwendet werden, wenn sie für den Verwendungszweck

1.

von den nach Abs. 2 bekannt gemachten technischen Regeln nicht oder nicht wesentlich abweichen (geregelte Bauprodukte) oder nach Abs. 3 zulässig sind und wenn sie aufgrund des Übereinstimmungsnachweises nach § 21 das Übereinstimmungszeichen (Ü-Zeichen) tragen oder

2.

nach den Vorschriften

a)

des Bauproduktengesetzes,

b)

zur Umsetzung der Richtlinie 89/106/EWG des Rates zur Angleichung der Rechts- und Verwaltungsvorschriften der Mitgliedstaaten über Bauprodukte (Bauproduktenrichtlinie) vom 21. Dezember 1988 (ABl. EG Nr. L 40 S. 12), geändert durch Richtlinie 93/68/EWG des Rates vom 22. Juli 1993 (ABl. EG Nr. L 220 vom 30. August 1993, S. 1), durch andere Mitgliedstaaten der Europäischen Union und andere Vertragsstaaten des Abkommens über den Europäischen Wirtschaftsraum oder

c)

zur Umsetzung sonstiger Richtlinien der Europäischen Union, soweit diese die wesentlichen Anforderungen nach § 5 Abs. 1 des

Bauproduktengesetzes berücksichtigen,

in den Verkehr gebracht und gehandelt werden dürfen, insbesondere das Zeichen der Europäischen Union (CE-Zeichen) tragen und dieses Zeichen die nach Abs. 7 Nr. 1 festgelegten Klassen und Leistungsstufen ausweist.

[2] Sonstige Bauprodukte, die von allgemein anerkannten Regeln der Technik nicht abweichen, dürfen auch verwendet werden, wenn diese Regeln nicht in der Bauregelliste A bekannt gemacht sind. [3] Sonstige Bauprodukte, die von allgemein anerkannten Regeln der Technik abweichen, bedürfen keines Nachweises ihrer Verwendbarkeit nach Abs. 3; § 3 Abs. 3 Satz 3 erster Teilsatz bleibt unberührt.

(2) [1] Das Deutsche Institut für Bautechnik macht im Einvernehmen mit der obersten Bauaufsichtsbehörde für Bauprodukte, für die nicht nur die Vorschriften nach Abs. 1 Satz 1 Nr. 2 maßgebend sind, in der Bauregelliste A die technischen Regeln bekannt, die zur Erfüllung der in diesem Gesetz und in Vorschriften aufgrund dieses Gesetzes an bauliche Anlagen gestellten Anforderungen erforderlich sind. [2] Diese technischen Regeln gelten als Technische Baubestimmungen im Sinne des § 3 Abs. 3 Satz 1.

(3) [1] Bauprodukte, für die technische Regeln in der Bauregelliste A nach Abs. 2 bekannt gemacht worden sind und die von diesen wesentlich abweichen oder für die es Technische Baubestimmungen oder allgemein anerkannte Regeln der Technik nicht gibt (nicht geregelte Bauprodukte), müssen

1.

    eine allgemeine bauaufsichtliche Zulassung (§ 17),

2.

    ein allgemeines bauaufsichtliches Prüfzeugnis (§ 18) oder

3.

    eine Zustimmung im Einzelfall (§ 19)

haben. [2] Ausgenommen sind Bauprodukte, die für die Erfüllung der Anforderungen dieses Gesetzes oder aufgrund dieses Gesetzes nur eine untergeordnete Bedeutung haben und die das Deutsche Institut für Bautechnik im Einvernehmen mit der obersten Bauaufsichtsbehörde in einer Liste C öffentlich bekannt gemacht hat.

(4) Durch Rechtsverordnung kann vorgeschrieben werden, dass für bestimmte Bauprodukte, auch soweit sie Anforderungen nach anderen Rechtsvorschriften unterliegen, hinsichtlich dieser Anforderungen bestimmte Nachweise der Verwendbarkeit und bestimmte Übereinstimmungsnachweise nach Maßgabe der §§ 16 bis 19 und der §§ 21 bis 24 zu führen sind, wenn die anderen Rechtsvorschriften diese Nachweise verlangen oder zulassen.

(5) ¹ Bei Bauprodukten nach Abs. 1 Satz 1 Nr. 1, deren Herstellung in außergewöhnlichem Maß von der Sachkunde und Erfahrung der damit betrauten Personen oder von einer Ausstattung mit besonderen Vorrichtungen abhängt, kann in der allgemeinen bauaufsichtlichen Zulassung, in der Zustimmung im Einzelfall oder durch Rechtsverordnung vorgeschrieben werden, dass das herstellende Unternehmen über solche Fachkräfte und Vorrichtungen verfügt und den Nachweis hierüber gegenüber einer Prüfstelle nach § 24 Abs. 1 Satz 1 Nr. 6 zu erbringen hat. ² In der Rechtsverordnung können Mindestanforderungen an die Ausbildung, die durch Prüfung nachzuweisende Befähigung und die Ausbildungsstätten einschließlich der Anerkennungsvoraussetzungen gestellt werden.

(6) Für Bauprodukte, die wegen ihrer besonderen Eigenschaften oder ihres besonderen Verwendungszweckes einer außergewöhnlichen Sorgfalt bei Einbau, Transport, Instandhaltung oder Reinigung bedürfen, kann in der allgemeinen bauaufsichtlichen Zulassung, in der Zustimmung im Einzelfall oder durch Rechtsverordnung die Überwachung dieser Tätigkeiten durch eine Überwachungsstelle nach § 24 vorgeschrieben werden.

(7) Das Deutsche Institut für Bautechnik kann im Einvernehmen mit der obersten Bauaufsichtsbehörde in der Bauregelliste B

1.

festlegen, welche der Klassen und Leistungsstufen, die in Normen, Leitlinien oder europäischen technischen Zulassungen nach dem Bauproduktengesetz oder in anderen Vorschriften zur Umsetzung von Richtlinien der Europäischen Union enthalten sind, Bauprodukte nach Abs. 1 Satz 1 Nr. 2 erfüllen müssen, und

2.

bekannt machen, inwieweit andere Vorschriften zur Umsetzung von Richtlinien der Europäischen Union die wesentlichen Anforderungen nach § 5 Abs. 1 des Bauproduktengesetzes nicht berücksichtigen.

§ 17
Allgemeine bauaufsichtliche Zulassung

(1) Das Deutsche Institut für Bautechnik erteilt eine allgemeine bauaufsichtliche Zulassung für nicht geregelte Bauprodukte, wenn deren Verwendbarkeit im Sinne des § 3 Abs. 2 nachgewiesen ist.

(2) ¹ Die zur Begründung des Antrages erforderlichen Unterlagen sind beizufügen. ² Soweit erforderlich, sind Probestücke zur Verfügung zu stellen oder durch Sachverständige, die das Deutsche Institut für Bautechnik bestimmen kann, zu entnehmen oder Probeausführungen unter Aufsicht der Sachverständigen herzustellen. ³ § 61 Abs. 2 gilt entsprechend.

(3) Das Deutsche Institut für Bautechnik kann für die Durchführung der

Prüfung die sachverständige Stelle und für Probeausführungen die Ausführungsstelle und Ausführungszeit vorschreiben.

(4) ¹ Die allgemeine bauaufsichtliche Zulassung wird widerruflich und für eine bestimmte Dauer erteilt, die in der Regel fünf Jahre beträgt. ² Die Zulassung kann mit Nebenbestimmungen erteilt werden. ³ Sie kann auf schriftlichen Antrag in der Regel um fünf Jahre verlängert werden; § 64 Abs. 7 Satz 3 gilt entsprechend.

(5) Die Zulassung wird unbeschadet der Rechte Dritter erteilt.

(6) Das Deutsche Institut für Bautechnik macht die von ihm erteilten allgemeinen bauaufsichtlichen Zulassungen nach Gegenstand und wesentlichem Inhalt öffentlich bekannt.

(7) Allgemeine bauaufsichtliche Zulassungen nach dem Recht anderer Länder gelten auch im Land Hessen.

§ 18
Allgemeines bauaufsichtliches Prüfzeugnis

(1) ¹ Bauprodukte,

1.

deren Verwendung nicht der Erfüllung erheblicher Anforderungen an die Sicherheit baulicher Anlagen dient oder

2.

die nach allgemein anerkannten Prüfverfahren beurteilt werden,

bedürfen anstelle einer allgemeinen bauaufsichtlichen Zulassung nur eines allgemeinen bauaufsichtlichen Prüfzeugnisses. ² Das Deutsche Institut für Bautechnik macht dies mit der Angabe der maßgebenden technischen Regeln und, soweit es keine allgemein anerkannten Regeln der Technik gibt, mit der Bezeichnung der Bauprodukte im Einvernehmen mit der obersten Bauaufsichtsbehörde in der Bauregelliste A bekannt.

(2) ¹ Ein allgemeines bauaufsichtliches Prüfzeugnis wird von einer Prüfstelle nach § 24 Abs. 1 Satz 1 Nr. 1 für nicht geregelte Bauprodukte nach Abs. 1 erteilt, wenn deren Verwendbarkeit im Sinne des § 3 Abs. 2 nachgewiesen ist. ² § 17 Abs. 2 bis 7 gilt entsprechend.

§ 19
Nachweis der Verwendbarkeit von Bauprodukten im Einzelfall

¹ Mit Zustimmung der obersten Bauaufsichtsbehörde dürfen im Einzelfall

1.

Bauprodukte, die ausschließlich nach dem Bauproduktengesetz in Verkehr gebracht und gehandelt werden dürfen, dessen Anforderungen jedoch nicht erfüllen,

26

2.

  Bauprodukte, die nach sonstigen Vorschriften zur Umsetzung von Richtlinien der Europäischen Union oder auf der Grundlage von unmittelbar geltendem Recht der Europäischen Union in Verkehr gebracht und gehandelt werden dürfen, hinsichtlich der nicht berücksichtigten wesentlichen Anforderungen im Sinne des § 16 Abs. 7 Nr. 2,

3.

  nicht geregelte Bauprodukte

verwendet werden, wenn deren Verwendbarkeit im Sinne des § 3 Abs. 2 nachgewiesen ist. ² Wenn Gefahren im Sinne des § 3 Abs. 1 nicht zu erwarten sind, kann die oberste Bauaufsichtsbehörde im Einzelfall erklären, dass ihre Zustimmung nicht erforderlich ist.

§ 20
Bauarten

(1) ¹ Bauarten, die von Technischen Baubestimmungen wesentlich abweichen oder für die es allgemein anerkannte Regeln der Technik nicht gibt (nicht geregelte Bauarten), dürfen bei der Errichtung, Änderung und Instandhaltung baulicher Anlagen nur angewendet werden, wenn für sie

1.

  eine allgemeine bauaufsichtliche Zulassung oder

2.

  eine Zustimmung im Einzelfall

erteilt worden ist. ² Anstelle einer allgemeinen bauaufsichtlichen Zulassung genügt ein allgemeines bauaufsichtliches Prüfzeugnis, wenn die Bauart nicht der Erfüllung erheblicher Anforderungen an die Sicherheit baulicher Anlagen dient oder nach allgemein anerkannten Prüfverfahren beurteilt wird. ³ Das Deutsche Institut für Bautechnik macht diese Bauarten mit der Angabe der maßgebenden technischen Regeln und, soweit es keine allgemein anerkannten Regeln der Technik gibt, mit der Bezeichnung der Bauarten im Einvernehmen mit der obersten Bauaufsichtsbehörde in der Bauregelliste A bekannt. ⁴ § 16 Abs. 5 und 6 sowie die §§ 17, 18 Abs. 2 und 19 gelten entsprechend. ⁵ Wenn Gefahren im Sinne des § 3 Abs. 1 nicht zu erwarten sind, kann die oberste Bauaufsichtsbehörde im Einzelfall oder für genau begrenzte Fälle allgemein festlegen, dass eine allgemeine bauaufsichtliche Zulassung, ein allgemeines bauaufsichtliches Prüfzeugnis oder eine Zustimmung im Einzelfall nicht erforderlich ist.

(2) Durch Rechtsverordnung kann vorgeschrieben werden, dass für bestimmte Bauarten, auch soweit sie Anforderungen nach anderen Rechtsvorschriften

27

unterliegen, Abs. 1 ganz oder teilweise anwendbar ist, wenn die anderen Rechtsvorschriften dies verlangen oder zulassen.

§ 21
Übereinstimmungsnachweis

(1) Bauprodukte bedürfen einer Bestätigung ihrer Übereinstimmung mit den technischen Regeln nach § 16 Abs. 2, den allgemeinen bauaufsichtlichen Zulassungen, den allgemeinen bauaufsichtlichen Prüfzeugnissen oder den Zustimmungen im Einzelfall; als Übereinstimmung gilt auch eine Abweichung, die nicht wesentlich ist.

(2) ¹ Die Bestätigung der Übereinstimmung erfolgt durch

1.

   Übereinstimmungserklärung des herstellenden Unternehmens (§ 22) oder

2.

   Übereinstimmungszertifikat (§ 23).

² Die Bestätigung durch Übereinstimmungszertifikat kann in der allgemeinen bauaufsichtlichen Zulassung, in der Zustimmung im Einzelfall oder in der Bauregelliste A vorgeschrieben werden, wenn dies zum Nachweis einer ordnungsgemäßen Herstellung erforderlich ist. ³ Bauprodukte, die nicht in Serie hergestellt werden, bedürfen nur der Übereinstimmungserklärung des herstellenden Unternehmens nach § 22 Abs. 1, sofern nichts anderes bestimmt ist. ⁴ Die oberste Bauaufsichtsbehörde kann im Einzelfall die Verwendung von Bauprodukten ohne das erforderliche Übereinstimmungszertifikat gestatten, wenn nachgewiesen ist, dass diese Bauprodukte den technischen Regeln, Zulassungen, Prüfzeugnissen oder Zustimmungen nach Abs. 1 entsprechen.

(3) Für Bauarten gelten Abs. 1 und 2 entsprechend.

(4) Die Übereinstimmungserklärung und die Erklärung, dass ein Übereinstimmungszertifikat erteilt ist, hat das herstellende Unternehmen durch Kennzeichnung der Bauprodukte mit dem Übereinstimmungszeichen (Ü-Zeichen) unter Hinweis auf den Verwendungszweck abzugeben.

(5) Das Ü-Zeichen ist auf dem Bauprodukt, auf einem Beipackzettel oder auf seiner Verpackung oder, wenn dies Schwierigkeiten bereitet, auf dem Lieferschein oder auf einer Anlage zum Lieferschein anzubringen.

(6) Ü-Zeichen aus anderen Ländern und aus anderen Staaten gelten auch im Land Hessen.

§ 22
Übereinstimmungserklärung des herstellenden Unternehmens

(1) Das herstellende Unternehmen darf eine Übereinstimmungserklärung nur abgeben, wenn durch werkseigene Produktionskontrolle sichergestellt ist, dass das hergestellte Bauprodukt den maßgebenden technischen Regeln, der

allgemeinen bauaufsichtlichen Zulassung, dem allgemeinen bauaufsichtlichen Prüfzeugnis oder der Zustimmung im Einzelfall entspricht.

(2) ¹ In den technischen Regeln nach § 16 Abs. 2, in der Bauregelliste A, in den allgemeinen bauaufsichtlichen Zulassungen, in den allgemeinen bauaufsichtlichen Prüfzeugnissen oder in den Zustimmungen im Einzelfall kann eine Prüfung der Bauprodukte durch eine Prüfstelle vor Abgabe der Übereinstimmungserklärung vorgeschrieben werden, wenn dies zur Sicherung einer ordnungsgemäßen Herstellung erforderlich ist. ² In diesen Fällen hat die Prüfstelle das Bauprodukt daraufhin zu überprüfen, ob es den maßgebenden technischen Regeln, der allgemeinen bauaufsichtlichen Zulassung, dem allgemeinen bauaufsichtlichen Prüfzeugnis oder der Zustimmung im Einzelfall entspricht.

§ 23
Übereinstimmungszertifikat

(1) Ein Übereinstimmungszertifikat ist von einer Zertifizierungsstelle nach § 24 zu erteilen, wenn das Bauprodukt

1.

den maßgebenden technischen Regeln, der allgemeinen bauaufsichtlichen Zulassung, dem allgemeinen bauaufsichtlichen Prüfzeugnis oder der Zustimmung im Einzelfall entspricht und

2.

einer werkseigenen Produktionskontrolle sowie einer Fremdüberwachung nach Maßgabe des Abs. 2 unterliegt.

(2) ¹ Die Fremdüberwachung ist von einer Überwachungsstelle nach § 24 durchzuführen. ² Die Fremdüberwachung hat regelmäßig zu überprüfen, ob das Bauprodukt den maßgebenden technischen Regeln, der allgemeinen bauaufsichtlichen Zulassung, dem allgemeinen bauaufsichtlichen Prüfzeugnis oder der Zustimmung im Einzelfall entspricht.

§ 24
Prüf-, Zertifizierungs- und Überwachungsstellen

(1) ¹ Die oberste Bauaufsichtsbehörde kann eine natürliche oder juristische Person als

1.

Prüfstelle für die Erteilung allgemeiner bauaufsichtlicher Prüfzeugnisse (§ 18 Abs. 2),

2.

Prüfstelle für die Überprüfung von Bauprodukten vor Bestätigung der Übereinstimmung (§ 22 Abs. 2),

3.

Zertifizierungsstelle (§ 23 Abs. 1),

4.

Überwachungsstelle für die Fremdüberwachung (§ 23 Abs. 2),

5.

Überwachungsstelle für die Überwachung nach § 16 Abs. 6 oder

6.

Prüfstelle für die Überprüfung nach § 16 Abs. 5

anerkennen, wenn sie oder die bei ihr Beschäftigten nach ihrer Ausbildung, Fachkenntnis, persönlichen Zuverlässigkeit, ihrer Unparteilichkeit und ihren Leistungen die Gewähr dafür bieten, dass diese Aufgaben den öffentlich-rechtlichen Vorschriften entsprechend wahrgenommen werden, und wenn sie über die erforderlichen Vorrichtungen verfügen. ² Satz 1 ist entsprechend auf Behörden anzuwenden, wenn sie ausreichend mit geeigneten Fachkräften besetzt und mit den erforderlichen Vorrichtungen ausgestattet sind.

(2) ¹ Die Anerkennung von Prüf-, Zertifizierungs- und Überwachungsstellen anderer Länder gilt auch im Land Hessen. ² Prüf-, Zertifizierungs- und Überwachungsergebnisse von Stellen, die nach Art. 16 Abs. 2 der Bauproduktenrichtlinie von einem anderen Mitgliedstaat der Europäischen Union oder von einem anderen Vertragsstaat des Abkommens über den Europäischen Wirtschaftsraum anerkannt worden sind, stehen den Ergebnissen der in Abs. 1 genannten Stellen gleich. ³ Dies gilt auch für Prüf-, Zertifizierungs- und Überwachungsergebnisse von Stellen anderer Staaten, wenn sie in einem Art. 16 Abs. 2 der Bauproduktenrichtlinie entsprechenden Verfahren anerkannt worden sind.

(3) ¹ Die oberste Bauaufsichtsbehörde erkennt auf Antrag eine natürliche oder juristische Person oder Behörde als Stelle nach Art. 16 Abs. 2 der Bauproduktenrichtlinie an, wenn in dem in Art. 16 Abs. 2 der Bauproduktenrichtlinie vorgesehenen Verfahren nachgewiesen ist, dass die natürliche oder juristische Person oder Behörde die Voraussetzungen erfüllt, nach den Vorschriften eines anderen Mitgliedstaates der Europäischen Union oder eines anderen Vertragsstaates des Abkommens über den Europäischen Wirtschaftsraum zu prüfen, zu zertifizieren oder zu überwachen. ² Dies gilt auch für die Anerkennung von natürlichen oder juristischen Personen oder Behörden, die nach den Vorschriften eines anderen Staates zu prüfen, zu zertifizieren oder zu überwachen beabsichtigen, wenn der erforderliche Nachweis in einem Art. 16 Abs. 2 der Bauproduktenrichtlinie entsprechenden Verfahren geführt wird.

Wände, Decken, Dächer

§ 25
Tragende Wände, Außenwände, Pfeiler, Stützen

(1) Tragende und aussteifende Wände, Pfeiler und Stützen müssen im Brandfall ausreichend lang standsicher sein.

(2) Außenwände und Außenwandteile sind so auszubilden, dass Brandentstehung bei einer Brandbeanspruchung von außen und Brandausbreitung ausreichend lang begrenzt sind.

§ 26
Trennwände

(1) [1] Zwischen Nutzungseinheiten untereinander und zwischen Nutzungseinheiten und anders genutzten Räumen sind Trennwände erforderlich, die ausreichend lang widerstandsfähig gegen die Ausbreitung von Feuer und Rauch sind. [2] Dies gilt auch zwischen Aufenthaltsräumen und anders genutzten Räumen im Kellergeschoss und im Dachgeschoss. [3] Satz 1 und 2 gelten nicht für die Gebäudeklasse 1 und für Wohngebäude der Gebäudeklasse 2.

(2) Die Trennwände sind bis zur Rohdecke, in Dachgeschossen bis unter die Dachhaut zu führen; sie können in Dachgeschossen bis zur Rohdecke geführt werden, wenn diese Decke und die sie tragenden und aussteifenden Bauteile entsprechend Nr. 5.3.1 der Anlage 1 hergestellt sind.

(3) Öffnungen in Trennwänden sind nur zulässig, wenn sie auf die für die Nutzung erforderliche Zahl und Größe beschränkt sind und Feuerschutzabschlüsse entsprechend Nr. 3.4 der Anlage 1 haben.

§ 27
Brandwände

(1) Brandwände müssen so beschaffen sein, dass sie bei einem Brand ausreichend lang standsicher bleiben und die Ausbreitung von Feuer und Rauch auf andere Gebäude oder Gebäudeabschnitte ausreichend lang verhindern.

(2) [1] Brandwände sind herzustellen

1.

    zum Abschluss von Gebäuden (Gebäudeabschlusswand), bei denen diese Abschlusswände an der Nachbargrenze oder mit einem Abstand bis zu 2,50 m gegenüber der Nachbargrenze errichtet werden, es sei denn, dass ein Abstand von mindestens 5 m zu bestehenden oder nach den baurechtlichen Vorschriften zulässigen künftigen Gebäuden öffentlich-rechtlich gesichert ist,

2.

    als innere Brandwand zur Unterteilung ausgedehnter Gebäude in Abständen von nicht mehr als 40 m,

3.

als innere Brandwand zur Unterteilung landwirtschaftlich genutzter Gebäude in Brandabschnitte von nicht mehr als 10 000 m³ umbauten Raums,

4.

als Gebäudeabschlusswand zwischen Wohngebäuden und angebauten landwirtschaftlich genutzten Gebäuden sowie als innere Brandwand zwischen dem Wohnteil und dem landwirtschaftlich genutzten Teil eines Gebäudes.

² Satz 1 Nr. 1 gilt nicht für

1.

seitliche Wände von Vorbauten im Sinne des § 6 Abs. 6 Satz 1, die nicht mehr als 1,5 m vor der Flucht der vorderen oder hinteren Außenwand des Nachbargebäudes vortreten, wenn sie von dem Nachbargebäude oder der Nachbargrenze einen Abstand einhalten, der ihrer eigenen Ausladung entspricht, mindestens jedoch 1 m beträgt,

2.

Nebengebäude ohne Aufenthaltsräume und Feuerungsanlagen mit einem Brutto-Rauminhalt bis zu 50 m³ und

3.

offene Garagen bis 100 m² Nutzfläche.

(3) Anstelle von Brandwänden nach Abs. 2 sind Wände zulässig, die die Anforderungen der Nr. 4.2 und 4.3 der Anlage 1 erfüllen.

(4) ¹ Brandwände müssen bis zum Dach durchgehen und in allen Geschossen übereinander angeordnet sein. ² Abweichend von Satz 1 dürfen anstelle innerer Brandwände Wände geschossweise versetzt angeordnet werden, wenn

1.

diese Wände im Übrigen den Anforderungen der Nr. 4.1 der Anlage 1 entsprechen,

2.

die Decken, soweit sie in Verbindung mit diesen Wänden stehen, feuerbeständig und aus nichtbrennbaren Baustoffen sind und keine Öffnungen haben,

3.

die Bauteile, die diese Wände und Decken unterstützen, feuerbeständig und aus nichtbrennbaren Baustoffen sind,

4.

die Außenwände in der Breite des Versatzes in dem Geschoss oberhalb oder unterhalb des Versatzes feuerbeständig und in den für den Brandschutz wesentlichen Teilen aus nichtbrennbaren Baustoffen sind und

5.

Öffnungen in den Außenwänden im Bereich des Versatzes so angeordnet oder andere Vorkehrungen so getroffen sind, dass eine Brandübertragung in andere Brandabschnitte nicht zu befürchten ist.

(5) [1] Brandwände sind 30 cm über die Bedachung zu führen oder in Höhe der Dachhaut mit einer beiderseits 50 cm auskragenden Platte aus feuerbeständigen und nichtbrennbaren Baustoffen abzuschließen; darüber dürfen brennbare Teile des Daches nicht hinweggeführt werden. [2] Bei Gebäuden der Gebäudeklassen 1 bis 3 sind Brandwände mindestens bis unter die Dachhaut zu führen.

(6) Müssen Gebäude oder Gebäudeteile, die über Eck zusammenstoßen, durch eine Brandwand getrennt werden, muss der Abstand dieser Wand von der inneren Ecke mindestens 5 m betragen; das gilt nicht, wenn der Winkel der inneren Ecke mehr als 120° beträgt oder mindestens eine Außenwand auf 5 m Länge als öffnungslose feuerbeständige Wand aus nichtbrennbaren Baustoffen ausgebildet ist.

(7) [1] Bauteile mit brennbaren Baustoffen dürfen über Brandwände nicht hinweggeführt werden. [2] Bauteile dürfen in Brandwände nur so weit eingreifen, dass deren Feuerwiderstandsfähigkeit nicht beeinträchtigt wird; für Abgasanlagen gilt dies entsprechend.

(8) [1] Öffnungen in Brandwänden sind unzulässig. [2] Sie sind in inneren Brandwänden nur zulässig, wenn sie nach Zahl und Größe auf das für die Nutzung erforderliche Maß beschränkt sind; die Öffnungen müssen Feuerschutzabschlüsse entsprechend Nr. 4.4 der Anlage 1 haben.

(9) In inneren Brandwänden sind Verglasungen entsprechend Nr. 4.5 der Anlage 1 zulässig, wenn sie nach Zahl und Größe auf das für die Nutzung erforderliche Maß beschränkt sind.

(10) Abs. 4 bis 9 gelten sinngemäß auch für Wände, die nach Abs. 3 und Abs. 4 Satz 2 anstelle von Brandwänden zulässig sind.

(11) Brandwände an oder auf Nachbargrenzen dürfen nur mit nicht brennbaren Baustoffen verkleidet werden.

§ 28
Decken

(1) Decken müssen im Brandfall ausreichend lang standsicher und widerstandsfähig gegen die Ausbreitung von Feuer und Rauch sein.

(2) ¹ Öffnungen in Decken, für die eine Feuerwiderstandsfähigkeit vorgeschrieben ist, sind nur zulässig, wenn sie nach Zahl und Größe auf das für die Nutzung erforderliche Maß beschränkt sind und Abschlüsse mit der Feuerwiderstandsfähigkeit der Decke haben. ² Satz 1 gilt nicht

1.

in den Gebäudeklassen 1 und 2,

2.

innerhalb derselben Nutzungseinheit mit nicht mehr als 400 m² Brutto-Grundfläche in nicht mehr als zwei Geschossen.

§ 29
Dächer

(1) Bedachungen müssen gegen eine Brandbeanspruchung von außen durch Flugfeuer und strahlende Wärme ausreichend lang widerstandsfähig sein (harte Bedachung).

(2) Abs. 1 gilt nicht für

1.

lichtdurchlässige Bedachungen aus nichtbrennbaren Baustoffen; brennbare Dichtungsstoffe und brennbare Dämmstoffe in nichtbrennbaren Profilen sind zulässig,

2.

Lichtkuppeln und Oberlichte von Wohngebäuden,

3.

Eingangsüberdachungen und Vordächer aus nichtbrennbaren Baustoffen,

4.

Eingangsüberdachungen aus brennbaren Baustoffen, wenn die Eingänge nur zu Wohnungen führen.

(3) Abweichend von Abs. 1 sind

1.

lichtdurchlässige Teilflächen aus brennbaren Baustoffen in Bedachungen nach Abs. 1 und

2.

begrünte Bedachungen

zulässig, wenn eine Brandentstehung bei einer Brandbeanspruchung von außen durch Flugfeuer und strahlende Wärme nicht zu befürchten ist oder Vorkehrungen hiergegen getroffen werden.

(4) Bei aneinander gebauten giebelständigen Gebäuden ist das Dach für eine Brandbeanspruchung von innen nach außen feuerhemmend auszubilden; seine Unterstützungen müssen feuerhemmend sein.

(5) [1] Dachvorsprünge, Dachgesimse und Dachaufbauten, lichtdurchlässige Bedachungen, Lichtkuppeln und Oberlichte sind so anzuordnen und herzustellen, dass Feuer nicht auf andere Gebäudeteile oder Nachbargrundstücke übertragen werden kann. [2] Von Brandwänden, von Wänden, die anstelle von Brandwänden zulässig sind, und von Trennwänden müssen mindestens 1,25 m entfernt sein

1.

Oberlichte, Lichtkuppeln und Öffnungen in der Bedachung, wenn diese Wände nicht mindestens 30 cm über Dach geführt sind,

2.

Dachgauben und ähnliche Dachaufbauten aus brennbaren Baustoffen, wenn sie nicht durch diese Wände gegen Brandübertragung geschützt sind.

(6) [1] Dächer von Anbauten, die an Wände mit Öffnungen oder an Wände, die nicht feuerhemmend sind, anschließen, sind innerhalb eines Abstands von 5 m von diesen Wänden so widerstandsfähig gegen Feuer herzustellen wie die Decken des Gebäudes oder Gebäudeteils, an das sie angebaut werden. [2] Dies gilt nicht für Anbauten an Wohngebäude der Gebäudeklassen 1 bis 3.

(7) Bei Dächern an Verkehrsflächen und über Eingängen sind Vorrichtungen zum Schutz gegen das Herabfallen von Schnee und Eis anzubringen, soweit die Verkehrssicherheit dies erfordert.

(8) Für die vom Dach aus vorzunehmenden Arbeiten sind sicher benutzbare Vorrichtungen anzubringen.

Vierter Abschnitt
Verkehrs- und Rettungswege, Umwehrungen, Aufzüge
§ 30
Treppen
(1) [1] Jedes nicht zu ebener Erde liegende Geschoss und der benutzbare

Dachraum eines Gebäudes müssen über mindestens eine Treppe zugänglich sein (notwendige Treppe); weitere notwendige Treppen sind erforderlich, wenn die Rettung von Menschen im Brandfall nicht auf andere Weise möglich ist. ² Statt notwendiger Treppen sind Rampen mit flacher Neigung zulässig.

(2) ¹ Einschiebbare Treppen und Rolltreppen sind als notwendige Treppen unzulässig. ² In den Gebäudeklassen 1 und 2 sind einschiebbare Treppen und Leitern als Zugang zu einem Dachraum ohne Aufenthaltsräume zulässig.

(3) ¹ Notwendige Treppen sind in einem Zuge zu allen angeschlossenen Geschossen zu führen; sie müssen mit den Treppen zum Dachraum unmittelbar verbunden sein. ² Satz 1 gilt nicht für Gebäude der Gebäudeklassen 1 bis 3 sowie nicht innerhalb von Nutzungseinheiten.

(4) Die nutzbare Breite der Treppenläufe und Treppenabsätze notwendiger Treppen muss für den größten zu erwartenden Verkehr ausreichen.

(5) ¹ Treppen müssen einen festen und griffsicheren Handlauf haben. ² Für Treppen sind Handläufe auf beiden Seiten und Zwischenhandläufe vorzusehen, soweit die Verkehrssicherheit dies erfordert.

(6) Eine Treppe darf nicht unmittelbar hinter einer Tür beginnen, die in Richtung der Treppe aufschlägt; zwischen Treppe und Tür ist ein ausreichend tiefer Treppenabsatz anzuordnen.

§ 31
Notwendige Treppenräume und Ausgänge

(1) ¹ Jede notwendige Treppe muss in einem eigenen, durchgehenden Treppenraum liegen (notwendiger Treppenraum). ² Der notwendige Treppenraum muss so angeordnet und ausgebildet sein, dass die Benutzung der notwendigen Treppe auch als Rettungsweg im Brandfall ausreichend lang möglich ist.³ Notwendige Treppen ohne eigenen Treppenraum sind zulässig

1.

    in den Gebäudeklassen 1 und 2,

2.

    für die Verbindung von höchstens zwei Geschossen innerhalb derselben Nutzungseinheit mit einer Brutto-Grundfläche von nicht mehr als 200 m², wenn in jedem Geschoss ein anderer Rettungsweg erreicht werden kann,

3.

    als Außentreppe, wenn ihre Benutzung ausreichend sicher ist und im Brandfall nicht gefährdet werden kann.

(2) ¹ Von jeder Stelle eines Aufenthaltsraumes sowie eines Kellergeschosses muss mindestens ein notwendiger Treppenraum oder ein Ausgang ins Freie in höchstens 35 m Entfernung erreichbar sein. ² Sind mehrere notwendige

Treppenräume erforderlich, müssen sie so verteilt sein, dass die Rettungswege möglichst kurz sind. ³ Übereinander liegende Kellergeschosse müssen jeweils mindestens zwei Ausgänge zu notwendigen Treppenräumen oder ins Freie haben.

(3) ¹ Jeder notwendige Treppenraum muss an einer Außenwand liegen und einen unmittelbaren Ausgang ins Freie haben. ² Innen liegende notwendige Treppenräume sind zulässig, wenn ihre Benutzung durch Raucheintritt ausreichend lang nicht gefährdet werden kann. ³ Sofern der Ausgang eines notwendigen Treppenraumes nicht unmittelbar ins Freie führt, muss der Raum zwischen dem notwendigen Treppenraum und dem Ausgang ins Freie

1.

   mindestens so breit sein wie die dazugehörigen Treppen,

2.

   Wände nach Nr. 7.1 der Anlage 1 haben,

3.

   Rauchschutzabschlüsse zu notwendigen Fluren haben und

4.

   ohne Öffnungen zu anderen Räumen, ausgenommen zu notwendigen Fluren

sein.

(4) In Geschossen mit mehr als vier Nutzungseinheiten müssen notwendige Flure angeordnet sein.

(5) ¹ Notwendige Treppenräume müssen zu beleuchten sein. ² Innen liegende notwendige Treppenräume müssen in Gebäuden der Gebäudeklasse 5 eine Sicherheitsbeleuchtung haben.

(6) ¹ Notwendige Treppenräume müssen belüftet werden können. ² Sie müssen in jedem oberirdischen Geschoss unmittelbar ins Freie führende Fenster mit einer Größe von mindestens 0,50 m² haben, die geöffnet werden können. ³ Für innen liegende notwendige Treppenräume und notwendige Treppenräume in Gebäuden der Gebäudeklasse 5 ist an der obersten Stelle eine Öffnung zur Rauchableitung mit einem freien Querschnitt von mindestens 1 m² erforderlich; sie muss vom Erdgeschoss sowie vom obersten Treppenabsatz aus bedient werden können.

§ 32
Notwendige Flure und Gänge

(1) ¹ Notwendige Flure sind Flure, über die Rettungswege aus

Aufenthaltsräumen oder aus Nutzungseinheiten mit Aufenthaltsräumen zu notwendigen Treppenräumen oder zu Ausgängen ins Freie führen. ² Als notwendige Flure gelten nicht

1.

Flure in den Gebäudeklassen 1 und 2,

2.

Flure innerhalb von Wohnungen oder innerhalb von Nutzungseinheiten mit nicht mehr als 200 m² Brutto-Grundfläche,

3.

Flure innerhalb von Nutzungseinheiten, die einer Büro- oder Verwaltungsnutzung dienen, mit nicht mehr als 400 m² Brutto-Grundfläche; das gilt auch für Büro- und Verwaltungseinheiten, wenn sie Trennwände nach § 26 und Rettungswege nach § 13 Abs. 3 haben.

(2) ¹ Notwendige Flure müssen so breit sein, dass sie für den größten zu erwartenden Verkehr ausreichen. ² In den Fluren ist eine Folge von weniger als drei Stufen unzulässig.

(3) ¹ Notwendige Flure sind durch nichtabschließbare Rauchabschlüsse in Rauchabschnitte zu unterteilen. ² Die Rauchabschnitte sollen nicht länger als 30 m sein. ³ Die Rauchabschlüsse sind bis an die Rohdecke zu führen; sie dürfen bis an die Unterdecke der Flure geführt werden, wenn die Unterdecke feuerhemmend und ein nach Satz 1 vergleichbarer Abschluss sichergestellt ist. ⁴ Notwendige Flure mit nur einer Fluchtrichtung, die zu einem Sicherheitstreppenraum führen, dürfen nicht länger als 15 m sein. Satz 1 bis 4 gelten nicht für offene Gänge nach Abs. 5.

(4) ¹ Die Wände notwendiger Flure sind bis an die Rohdecke zu führen. ² Sie dürfen bis an die Unterdecke der Flure geführt werden, wenn die Unterdecke feuerhemmend und ein der Nr. 8.1 und 8.2 der Anlage 1 vergleichbarer Raumabschluss sichergestellt ist. ³ Türen in diesen Wänden müssen dicht schließen.

(5) ¹ Für Wände und Umwehrungen von notwendigen Fluren mit nur einer Fluchtrichtung, die als offene Gänge vor den Außenwänden angeordnet sind, gelten Nr. 8.1 bis 8.3 der Anlage 1 und Abs. 4 entsprechend. ² Fenster in diesen Außenwänden sind ab einer Brüstungshöhe von 0,90 m zulässig.

§ 33
Aufzüge

(1) ¹ Aufzüge im Innern von Gebäuden müssen eigene Fahrschächte haben, die eine Übertragung von Feuer und Rauch in andere Geschosse ausreichend lang verhindern. ² In einem Fahrschacht dürfen bis zu drei Aufzüge liegen. ³ Aufzüge ohne eigene Fahrschächte sind zulässig

1.

innerhalb eines notwendigen Treppenraumes, ausgenommen in Hochhäusern,

2.

innerhalb mehrgeschossiger Räume, wie Hallen,

3.

in den Gebäudeklassen 1 und 2,

4.

innerhalb derselben Nutzungseinheit mit nicht mehr als 400 m^2 Brutto-Grundfläche in nicht mehr als zwei Geschossen;

die Aufzüge müssen sicher umkleidet sein.

(2) Fahrschachttüren und andere Öffnungen in Fahrschachtwänden mit erforderlicher Feuerwiderstandsfähigkeit sind so herzustellen, dass die Anforderungen nach Abs. 1 Satz 1 nicht beeinträchtigt werden.

(3) [1] Fahrschächte müssen zu lüften sein und eine Öffnung zur Rauchableitung mit einem freien Querschnitt von mindestens 2,5 vom Hundert der Fahrschachtgrundfläche, mindestens jedoch 0,1 m^2 haben. [2] Die Lage der Rauchaustrittsöffnungen muss so gewählt werden, dass der Rauchaustritt durch Windeinfluss nicht beeinträchtigt wird.

(4) [1] Gebäude mit einer Höhe nach § 2 Abs. 3 Satz 3 von mehr als 13 m müssen Aufzüge in ausreichender Zahl haben. [2] Von diesen Aufzügen muss mindestens ein Aufzug Kinderwagen, Rollstühle, Krankentragen und Lasten aufnehmen können und Haltestellen in allen Geschossen haben. [3] Der Aufzug nach Satz 2 muss von allen Wohnungen in dem Gebäude und von der öffentlichen Verkehrsfläche aus barrierefrei erreichbar sein. [4] Haltestellen im obersten Geschoss und in den Kellergeschossen können entfallen, wenn sie nur unter besonderen Schwierigkeiten hergestellt werden können.

(5) [1] Fahrkörbe zur Aufnahme einer Krankentrage müssen eine nutzbare Grundfläche von mindestens 1,10 m x 2,10 m, zur Aufnahme eines Rollstuhles von mindestens 1,10 m x 1,40 m haben; Türen müssen eine lichte Durchgangsbreite von mindestens 0,90 m haben. [2] In einem Aufzug für Rollstühle und Krankentragen darf der für Rollstühle nicht erforderliche Teil der Fahrkorbgrundfläche durch eine verschließbare Tür abgesperrt werden. [3] Vor den Aufzügen muss eine ausreichende Bewegungsfläche vorhanden sein.

§ 34
Fenster, Türen, Kellerlichtschächte
(1) [1] Fenster und Fenstertüren müssen gefahrlos gereinigt werden können. [2] Ist

dies vom Erdboden, vom Innern des Gebäudes oder von Vorbauten aus nicht möglich, sind Vorrichtungen anzubringen, die eine gefahrlose Reinigung von außen ermöglichen.

(2) ¹ Glastüren und andere Glasflächen, die bis zum Fußboden allgemein zugänglicher Verkehrsflächen herabreichen, sind so zu kennzeichnen, dass sie leicht erkannt werden können. ² Für größere Glasflächen sind Schutzmaßnahmen zu treffen, soweit sie zur Sicherung des Verkehrs erforderlich sind.

(3) ¹ Jedes Kellergeschoss muss mindestens eine Öffnung ins Freie haben, um eine Rauchableitung zu ermöglichen. ² Gemeinsame Kellerlichtschächte für übereinander liegende Kellergeschosse sind unzulässig.

(4) Eingangstüren von Wohnungen, die über Aufzüge erreichbar sein müssen, müssen eine lichte Durchgangsbreite von mindestens 0,90 m haben.

(5) ¹ Öffnungen, die als Rettungswege dienen, müssen im Lichten mindestens 0,90 x 1,20 m groß und nicht höher als 1,20 m über der Fußbodenoberkante angeordnet sein. ² Liegen diese Öffnungen in Dachschrägen oder Dachaufbauten, darf ihre Unterkante oder ein davor liegender Austritt, horizontal gemessen, nicht mehr als 1 m von der Traufkante entfernt sein.

§ 35
Umwehrungen, Brüstungen, Geländer

(1) In, an und auf baulichen Anlagen sind zu umwehren oder mit Brüstungen zu versehen:

1.

Flächen, die im Allgemeinen zum Begehen bestimmt sind und unmittelbar an mehr als 1 m tiefer liegende Flächen angrenzen; dies gilt nicht, wenn die Umwehrung dem Zweck der Flächen widerspricht wie bei Verladerampen, Kais und Schwimmbecken,

2.

nicht begehbare Oberlichte und Glasabdeckungen in Flächen, die im Allgemeinen zum Begehen bestimmt sind, wenn sie weniger als 0,50 m aus diesen Flächen herausragen,

3.

Dächer oder Dachteile, die zum auch nur zeitweiligen Aufenthalt von Menschen bestimmt sind,

4.

Öffnungen in begehbaren Decken sowie in Dächern oder Dachteilen nach Nr. 3, wenn sie nicht sicher abgedeckt sind,

40

5.

nicht begehbare Glasflächen in Decken sowie in Dächern oder Dachteilen
nach Nr. 3,

6.

die freien Seiten von Treppenläufen, Treppenabsätzen und
Treppenöffnungen (Treppenaugen),

7.

Kellerlichtschächte und Betriebsschächte, die an Verkehrsflächen liegen,
wenn sie nicht verkehrssicher abgedeckt sind.

(2) [1] In Verkehrsflächen liegende Kellerlichtschächte und Betriebsschächte sind
in Höhe der Verkehrsfläche verkehrssicher abzudecken. [2] An und in
Verkehrsflächen liegende Abdeckungen müssen gegen unbefugtes Abheben
gesichert sein. [3] Fenster, die unmittelbar an Treppen liegen und deren
Brüstungen unter der notwendigen Umwehrungshöhe liegen, sind zu sichern.

(3) [1] Außer im Erdgeschoss müssen Fensterbrüstungen mindestens 0,80 m, bei
einer Absturzhöhe über 12 m mindestens 0,90 m hoch sein. [2] Geringere
Brüstungshöhen sind zulässig, wenn durch andere Vorrichtungen, wie
Geländer, die nach Abs. 4 vorgeschriebenen Mindesthöhen eingehalten werden.

(4) Andere notwendige Umwehrungen müssen folgende Mindesthöhen haben:

1. bei Absturzhöhen bis 12 m:

    a) bei Wohngebäuden und bei anderen baulichen Anlagen,
        die keine Arbeitsstätten sind: 0,90 m,

    b) bei Arbeitsstätten: 1,00 m,

2. bei Absturzhöhen von mehr als 12 m: 1,10 m.

(5) [1] In, an und auf Gebäuden, bei denen in der Regel mit der Anwesenheit von
Kindern gerechnet werden muss, dürfen Öffnungen in Umwehrungen,
Brüstungen und Geländern mindestens in einer Richtung nicht breiter als 12
cm sein. [2] Ein seitlicher Zwischenraum zwischen dem Geländer oder der
Brüstung und der zu sichernden Fläche darf nicht größer als 4 cm sein. [3] Die
Umwehrungen, Brüstungen und Geländer sind so auszubilden, dass Kindern
das Überklettern nicht erleichtert wird.

Fünfter Abschnitt
Haustechnische Anlagen

§ 36
Leitungen, Lüftungsanlagen, Installationsschächte, Installationskanäle

(1) [1] Leitungen dürfen durch trennende Wände und Decken, für die eine Feuerwiderstandsfähigkeit vorgeschrieben ist, nur hindurchgeführt werden, wenn eine Übertragung von Feuer und Rauch ausreichend lang nicht zu befürchten ist oder Vorkehrungen hiergegen getroffen sind;

dies gilt nicht für Decken

1.

in den Gebäudeklassen 1 und 2,

2.

innerhalb derselben Nutzungseinheit mit einer Größe von nicht mehr als 400 m^2 Brutto-Grundfläche in nicht mehr als zwei Geschossen.

[2] In notwendigen Treppenräumen, in Räumen nach § 31 Abs. 3 Satz 3 und in notwendigen Fluren sind Leitungen nur zulässig, wenn eine Benutzung als Rettungsweg im Brandfall ausreichend lang möglich ist. [3] Werden in den Gebäudeklassen 3 bis 5 Leitungen innerhalb von Bauteilen verlegt, ist sicherzustellen, dass eine Brandentstehung oder Ausbreitung in den Bauteilen ausreichend lang behindert wird. [4] Satz 1 bis 3 gelten nicht für Lüftungsleitungen.

(2) Lüftungsanlagen müssen betriebssicher und brandsicher sein; sie dürfen den ordnungsgemäßen Betrieb von Feuerungsanlagen nicht beeinträchtigen.

(3) [1] Lüftungsleitungen sowie deren Verkleidungen und Dämmstoffe müssen aus nichtbrennbaren Baustoffen bestehen; brennbare Baustoffe sind zulässig, wenn ein Beitrag der Lüftungsleitungen zur Brandentstehung oder Brandweiterleitung nicht zu befürchten ist oder Vorkehrungen hiergegen getroffen sind. [2] Lüftungsleitungen, die trennende Wände und Decken, für die eine Feuerwiderstandsfähigkeit vorgeschrieben ist, überbrücken, sind so herzustellen, dass Feuer und Rauch ausreichend lang nicht übertragen werden können.

(4) [1] Lüftungsanlagen sind so anzuordnen und herzustellen, dass sie Gerüche und Staub nicht in andere Räume übertragen. [2] Die Weiterleitung von Schall in fremde Räume muss gedämmt sein.

(5) [1] Lüftungsleitungen dürfen nicht an Abgasanlagen angeschlossen werden; die gemeinsame Benutzung von Lüftungsleitungen zur Lüftung und zur Ableitung der Abgase von Gasfeuerstätten ist zulässig, wenn Überdruck gegenüber Räumen nicht auftreten kann, die ordnungsgemäße Abgasabführung bei allen Betriebszuständen sichergestellt ist und sonstige Gefahren nicht entstehen können. [2] Die Abluft ist ins Freie zu führen. [3] Nicht zur Lüftungsanlage gehörende Einrichtungen sind in Lüftungsleitungen unzulässig.

(6) Gemauerte Lüftungsschächte oder solche aus Formstücken für

Schornsteine müssen den Anforderungen an Schornsteine entsprechen und gekennzeichnet sein.

(7) Für raumlufttechnische Anlagen und Warmluftheizungen gelten Abs. 2 bis 6 sinngemäß.

(8) Für Installationsschächte und Installationskanäle gelten Abs. 3 und 4 sinngemäß.

(9) Abs. 3, 4, 7 und 8 gelten nicht

1.

    für die Gebäudeklassen 1 und 2,

2.

    innerhalb derselben Nutzungseinheit mit nicht mehr als 400 m^2 Brutto-Grundfläche in nicht mehr als zwei Geschossen.

§ 37
Feuerungsanlagen, Wärme- und Brennstoffversorgungsanlagen, ortsfeste Verbrennungsmotoren

(1) [1] Feuerungsanlagen, Anlagen zur Abführung von Verbrennungsgasen ortsfester Verbrennungsmotoren sowie Behälter und Rohrleitungen für brennbare Gase und Flüssigkeiten müssen betriebssicher und brandsicher sein und dürfen auch sonst nicht zu Gefahren, unzumutbaren Nachteilen oder unzumutbaren Belästigungen führen können. [2] Die Weiterleitung von Schall in fremde Räume muss ausreichend gedämmt sein. [3] Abgasanlagen müssen leicht und sicher zu reinigen sein.

(2) Für die Anlagen zur Verteilung von Wärme und zur Warmwasserversorgung gelten Abs. 1 Satz 1 und 2 sinngemäß.

(3) Feuerstätten, ortsfeste Verbrennungsmotoren und Verdichter sowie Behälter für brennbare Gase und Flüssigkeiten dürfen nur in Räumen aufgestellt werden, bei denen nach Lage, Größe, baulicher Beschaffenheit und Benutzungsart Gefahren nicht entstehen.

(4) [1] Die Abgase der Feuerstätten sind durch Abgasanlagen über Dach, die Verbrennungsgase ortsfester Verbrennungsmotoren sind durch Anlagen zur Abführung dieser Gase über Dach abzuleiten. [2] Abgasanlagen sind in solcher Zahl und Lage und so herzustellen, dass die Feuerstätten des Gebäudes ordnungsgemäß angeschlossen werden können.

(5) Die Abgase von Gasfeuerstätten mit abgeschlossenem Verbrennungsraum, denen die Verbrennungsluft durch dichte Leitungen vom Freien zuströmt (raumluftunabhängige Gasfeuerstätten) dürfen abweichend von Abs. 4 durch die Außenwand ins Freie geleitet werden, wenn

1.

eine Ableitung der Abgase über Dach nicht oder nur mit unverhältnismäßig hohem Aufwand möglich ist,

2.

die Nennwärmeleistung der Feuerstätte 11 kW zur Beheizung und 28 kW zur Warmwasserbereitung nicht überschreitet und Gefahren, unzumutbare Nachteile oder unzumutbare Belästigungen nicht entstehen.

(6) Ohne Abgasanlage sind zulässig

1.

Gasfeuerstätten, wenn durch einen sicheren Luftwechsel im Aufstellraum gewährleistet ist, dass Gefahren, unzumutbare Nachteile oder unzumutbare Belästigungen nicht entstehen,

2.

Gas-Haushalt-Kochgeräte mit einer Nennwärmeleistung von nicht mehr als 11 kW, wenn der Aufstellraum einen Rauminhalt von mehr als 20 m³aufweist und mindestens eine Tür ins Freie oder ein Fenster hat, das geöffnet werden kann,

3.

nicht leitungsgebundene Gasfeuerstätten zur Beheizung von Räumen, die nicht gewerblichen Zwecken dienen, sowie Gasdurchlauferhitzer, wenn diese Gasfeuerstätten besondere Sicherheitseinrichtungen haben, die die Kohlenmonoxidkonzentration im Aufstellraum so begrenzen, dass Gefahren, unzumutbare Nachteile oder unzumutbare Belästigungen nicht entstehen.

(7) Gasfeuerstätten dürfen in Räumen nur aufgestellt werden, wenn durch besondere Vorrichtungen an den Feuerstätten oder durch Lüftungsanlagen sichergestellt ist, dass gefährliche Ansammlungen von unverbranntem Gas in den Räumen nicht entstehen.

(8) Brennstoffe sind so zu lagern, dass Gefahren, unzumutbare Nachteile oder unzumutbare Belästigungen nicht entstehen.

§ 38
Wasserversorgungsanlagen

(1) Gebäude mit Aufenthaltsräumen dürfen nur errichtet werden, wenn die Versorgung mit Trinkwasser dauernd gesichert ist; das gilt nicht für Wochenendhäuser.

(2) Zur Brandbekämpfung muss für Gebäude nach Abs. 1 und für Ställe eine ausreichende Wassermenge zur Verfügung stehen.

44

(3) Wasserversorgungsanlagen müssen betriebssicher und so angeordnet und beschaffen sein, dass Gefahren, unzumutbare Nachteile oder unzumutbare Belästigungen nicht entstehen.

(4) [1] Jede Wohnung muss Einrichtungen zur Erfassung des Wasserverbrauchs haben. [2] Dies gilt nicht bei Nutzungsänderungen, wenn die Anforderung nach Satz 1 nur mit unverhältnismäßigem Mehraufwand erfüllt werden kann.

§ 39
Anlagen für Abwasser und Niederschlagswasser

[1] Bauliche Anlagen dürfen nur errichtet werden, wenn die einwandfreie Beseitigung der Abwasser einschließlich Niederschlagswasser dauernd gesichert ist. [2] Die Anlagen dafür sind so anzuordnen, herzustellen und zu unterhalten, dass sie betriebssicher sind und Gefahren, unzumutbare Nachteile oder unzumutbare Belästigungen nicht entstehen.

§ 40
Einleitung der Abwasser in Kleinkläranlagen oder Behälter

(1) [1] Die Einleitung der Abwasser in Kleinkläranlagen oder Behälter ist nur zulässig, wenn oder solange die Abwasser nicht in eine Sammelkanalisation eingeleitet werden können und die einwandfreie weitere Beseitigung einschließlich des Fäkalschlammes innerhalb und außerhalb des Grundstückes dauernd gesichert ist. [2] Niederschlagswasser darf nicht in dieselben Behälter wie die übrigen Abwasser und nicht in Kleinkläranlagen geleitet werden.

(2) [1] Für Stalldung sind Dungstätten mit wasserdichten Böden anzulegen; die Wände müssen bis in ausreichender Höhe wasserdicht sein. [2] Der Fußboden von Ställen oder darunter liegende Auffangräume für Abgänge müssen wasserdicht sein. [3] Flüssige Abgänge aus Ställen und Dungstätten sowie Silagesickersaft sind in Behälter zu leiten, die keine Verbindung zu anderen Abwasserbeseitigungsanlagen haben dürfen. [4] Dungstätten und Gärfutteranlagen müssen zu öffentlichen Verkehrsflächen und Nachbargrenzen einen Abstand von mindestens 3 m und zu Öffnungen von Aufenthaltsräumen mindestens 5 m einhalten.

(3) [1] Kleinkläranlagen und Behälter müssen ausreichend bemessen und wasserdicht sein. [2] Sie müssen eine dichte und sichere Abdeckung sowie Reinigungs- und Entleerungsöffnungen haben. [3] Diese Öffnungen dürfen nur vom Freien aus zugänglich sein. [4] Die Anlagen sind so zu entlüften, dass Gesundheitsschäden oder unzumutbare Nachteile oder unzumutbare Belästigungen nicht entstehen. [5] Die Zuleitungen zu den Kleinkläranlagen und Behältern müssen geschlossen, dicht und, soweit erforderlich, zum Reinigen eingerichtet sein.

§ 41
Standflächen und Aufstellräume für Abfallbehältnisse

[1] Für die erforderlichen Abfallbehältnisse sind ausreichende und geeignete Standflächen außerhalb der Gebäude zu schaffen. [2] Innerhalb von Gebäuden können sie in besonderen, gut lüftbaren Räumen aufgestellt werden. [4] Trennwände zu diesen Räumen sind entsprechend Nr. 3.1, Decken

entsprechend Nr. 5.1 und Öffnungen in diesen Wänden und Decken entsprechend Nr. 8.3 der Anlage 1 auszuführen.

Aufenthaltsräume und Wohnungen

§ 42
Aufenthaltsräume

(1) [1] Aufenthaltsräume müssen eine lichte Raumhöhe von mindestens 2,40 m, in Keller- und Dachgeschossen von mindestens 2,20 m haben. [2] In Dachgeschossen muss diese Raumhöhe über mindestens der Hälfte ihrer Grundfläche vorhanden sein; Raumteile mit einer lichten Höhe bis 1,50 m bleiben außer Betracht.

(2) [1] Aufenthaltsräume müssen ausreichend belüftet und mit Tageslicht beleuchtet werden können. [2] Sie müssen Fenster mit einem Rohbaumaß der Fensteröffnungen von insgesamt mindestens einem Achtel der Grundfläche des Raumes einschließlich der Grundfläche verglaster Vorbauten und Loggien haben.

(3) Aufenthaltsräume, deren Benutzung eine Beleuchtung mit Tageslicht verbietet, sowie Verkaufsräume, Schank- und Speisegaststätten, Behandlungsräume des Gesundheitswesens, Sport-, Spiel-, Werk- und ähnliche Räume sind ohne Fenster zulässig.

(4) Aufenthaltsräume nach Abs. 3 müssen unmittelbar mit Rettungswegen in Verbindung stehen, die ins Freie führen.

§ 43
Wohnungen

(1) Wohnungen in Gebäuden, die nicht nur dem Wohnen dienen, müssen einen besonderen Zugang haben.

(2) [1] In Gebäuden mit mehr als zwei Wohnungen müssen die Wohnungen eines Geschosses barrierefrei erreichbar sein. [2] In diesen Wohnungen müssen die Wohn- und Schlafräume, eine Toilette, ein Bad und die Küche oder Kochnische mit dem Rollstuhl zugänglich sein. [3] Satz 1 und 2 gelten nicht, soweit die Anforderungen wegen schwieriger Geländeverhältnisse, wegen des Einbaus eines sonst nicht erforderlichen Aufzugs oder wegen ungünstiger vorhandener Bebauung nur mit unverhältnismäßigem Mehraufwand erfüllt werden können.

(3) Küchen oder Kochnischen sind ohne Fenster zulässig, wenn sie für sich lüftbar sind.

(4) In Gebäuden mit mehr als zwei Wohnungen sind leicht erreichbare und gut zugängliche Abstellräume für Kinderwagen und Fahrräder sowie für jede Wohnung ein ausreichend großer Abstellraum herzustellen.

(5) [1] In jeder Wohnung muss ein Bad mit Badewanne oder Dusche und eine Toilette vorhanden sein; dies gilt nicht für Wochenendhäuser. [2] Fensterlose Bäder und Toilettenräume sind nur zulässig, wenn eine wirksame Lüftung gewährleistet ist.

Besondere Anlagen

§ 44
Garagen, Stellplätze für Kraftfahrzeuge, Abstellplätze für Fahrräder

(1) ¹ Die Gemeinden legen unter Berücksichtigung der örtlichen Verkehrsverhältnisse fest, ob und in welchem Umfang bei der Errichtung, Änderung oder Nutzungsänderung von baulichen oder sonstigen Anlagen, bei denen ein Zu- oder Abgangsverkehr zu erwarten ist, geeignete Garagen oder Stellplätze für Kraftfahrzeuge und Abstellplätze für Fahrräder errichtet werden müssen, um den Erfordernissen des ruhenden Verkehrs zu genügen (notwendige Garagen, Stellplätze und Abstellplätze). ² Sie können insoweit durch Satzung regeln

1.

   die Herstellungspflicht bei Errichtung der Anlagen,

2.

   die Herstellungspflicht des Mehrbedarfs bei Änderungen oder Nutzungsänderungen der Anlagen,

3.

   die Beschränkung der Herstellungspflicht auf genau begrenzte Teile des Gemeindegebietes oder auf bestimmte Fälle,

4.

   den vollständigen oder teilweisen Verzicht auf die Herstellung von notwendigen Garagen oder Stellplätzen, soweit der Stellplatzbedarf

   a)

      durch besondere Maßnahmen verringert wird oder

   b)

      durch nachträglichen Ausbau von Dach- und Kellergeschossen entsteht,

5.

   die Einschränkung oder Untersagung der Herstellung von notwendigen oder nicht notwendigen Garagen oder Stellplätzen, soweit Gründe des Verkehrs oder städtebauliche Gründe dies erfordern,

6.

47

die Verbindlichkeit bestimmter Konstruktionen von notwendigen oder nicht notwendigen Garagen oder Stellplätzen,

7.

die Ablösung der Herstellungspflicht in den Fällen der Nr. 1 bis 3 durch Zahlung eines in der Satzung festzulegenden Geldbetrages an die Gemeinde.

[3] Macht eine Gemeinde von der Satzungsermächtigung nach Satz 2 Nr. 1 bis 3 Gebrauch, hat sie in der Satzung Standort sowie Größe, Zahl und Beschaffenheit der notwendigen Garagen, Stellplätze und Abstellplätze unter Berücksichtigung von Art und Zahl der vorhandenen und zu erwartenden Fahrzeuge der Personen zu bestimmen, die die Anlagen ständig benutzen oder sie besuchen. [4] Die Gemeinde kann, wenn eine Satzung nach Satz 2 Nr. 1 bis 3 nicht besteht, im Einzelfall die Herstellung von Stellplätzen, Garagen oder Abstellplätzen verlangen, wenn dies wegen der Sicherheit oder Leichtigkeit des Verkehrs erforderlich ist. [5] In einer Satzung nach Satz 2 Nr. 7 kann die Gemeinde die Voraussetzungen der Ablösung näher bestimmen.

(2) [1] Der Geldbetrag nach Abs. 1 Satz 2 Nr. 7 ist zu verwenden für

1.

die Herstellung zusätzlicher Parkeinrichtungen zugunsten des Gemeindegebietes,

2.

die Unterhaltung bestehender Parkeinrichtungen,

3.

investive Maßnahmen des öffentlichen Personennahverkehrs oder

4.

investive Maßnahmen des Fahrradverkehrs.

[2] Die Verwendung des Geldbetrages muss für die Erreichbarkeit des Bauvorhabens, das die Zahlungspflicht auslöst, einen Vorteil bewirken. [3] Die zeitliche Reihenfolge der Verwendungsmaßnahmen bestimmt die Gemeinde nach pflichtgemäßem Ermessen unter Berücksichtigung des Umfangs und des Grades der durch den ruhenden Verkehr hervorgerufenen Gefahren für die Sicherheit, Ordnung oder Leichtigkeit des Verkehrs und ihrer tatsächlichen Möglichkeiten der Verwendung.

(3) [1] Notwendige Stellplätze, Garagen und Abstellplätze dürfen nicht zweckentfremdet werden. [2] Sie dürfen Dritten zum Abstellen von Kraftfahrzeugen und Fahrrädern überlassen werden, solange sie zum Abstellen

der vorhandenen Kraftfahrzeuge und Fahrräder der Personen, die die Anlage ständig benutzen und sie besuchen, nicht benötigt werden.

(4) [1] Macht eine Gemeinde von der Satzungsermächtigung nach Abs. 1 Satz 2 Nr. 7 Gebrauch, trifft sie die Entscheidung über den Fortfall der Herstellungspflicht und über die Zahlung des Geldbetrages. [2] Die Baugenehmigung kann von der Entscheidung der Gemeinde und von der Zahlung des Geldbetrages abhängig gemacht werden.

§ 45
Bauliche Anlagen und Räume besonderer Art oder Nutzung

(1) [1] An Sonderbauten können im Einzelfall zur Verwirklichung der allgemeinen Anforderungen nach § 3 Abs. 1 besondere Anforderungen gestellt werden. [2] Erleichterungen können gestattet werden, soweit es der Einhaltung von Vorschriften wegen der besonderen Art oder Nutzung baulicher Anlagen oder Räume oder wegen besonderer Anforderungen nicht bedarf.

(2) Die Anforderungen und Erleichterungen nach Abs. 1 können sich insbesondere erstrecken auf

1.

die Abstände von Nachbargrenzen, von anderen baulichen Anlagen auf dem Grundstück und von öffentlichen Verkehrsflächen sowie auf die Größe der freizuhaltenden Grundstücksflächen,

2.

die Anordnung der baulichen Anlagen auf dem Grundstück,

3.

die Öffnungen nach öffentlichen Verkehrsflächen und nach angrenzenden Grundstücken,

4.

die Bauart und Anordnung aller für die Standsicherheit, Verkehrssicherheit, den Brandschutz, den Wärme- und Schallschutz oder Gesundheitsschutz wesentlichen Bauteile,

5.

die Brandschutzeinrichtungen und Brandschutzvorkehrungen,

6.

die Energieerzeugungsanlagen und Heizräume,

7.

die Anordnung und Herstellung der Aufzüge sowie der Treppen, Treppenräume, Flure, Ausgänge und Rettungswege,

8.

die zulässige Zahl der nutzenden Personen, die Anordnung und Zahl der zulässigen Sitzplätze und Stehplätze bei Versammlungsstätten, Tribünen und Fliegenden Bauten,

9.

die Lüftung,

10.

die Beleuchtung und Energieversorgung,

11.

die Wasserversorgung und die Wasserversorgungsanlagen einschließlich Ausstattung und Nachrüstung mit Einrichtungen zur Messung des Trinkwasserverbrauchs,

12.

die Abfallentsorgung und Abwasserbeseitigung,

13.

die Stellplätze und Garagen,

14.

die Anlage der Zufahrten und Abfahrten,

15.

die Anlage von Grünstreifen, Baumpflanzungen und anderen Pflanzungen sowie Dachbegrünungen und die Begrünung oder Beseitigung von Halden und Gruben,

16.

den Betrieb und die Benutzung sowie deren Überwachung durch sachverständige Personen oder Stellen,

17.

Prüfungen und Nachprüfungen, die von Zeit zu Zeit zu wiederholen sind, und die Bescheinigungen, die hierfür zu erbringen sind,

18.

die ständige Überwachung der Bauausführung durch Sachverständige sowie besondere Bescheinigungen zur Bauüberwachung und zum Nachweis der Überwachungen und Prüfungen nach Nr. 16 und 17,

19.

die Qualifikation der Bauleiterin oder des Bauleiters und der Fachbauleiterinnen oder der Fachbauleiter,

20.

die Bestellung einer oder eines Brandschutzbeauftragten für den Betrieb eines Gebäudes,

21.

die Pflicht, ein Brandschutzkonzept vorzulegen, dessen Inhalt sowie auf die Qualifikation der Aufstellerin oder des Aufstellers,

22.

den Nachweis über die Nutzbarkeit der Rettungswege im Brandfall.

§ 46
Barrierefreies Bauen

(1) ¹ Bauliche Anlagen und andere Anlagen und Einrichtungen nach § 1 Abs. 1 Satz 2, die öffentlich zugänglich sind, müssen in den dem allgemeinen Besucherverkehr dienenden Teilen so errichtet und instand gehalten werden, dass sie von Menschen mit Behinderungen, alten Menschen und Personen mit Kleinkindern barrierefrei erreicht und ohne fremde Hilfe zweckentsprechend genutzt werden können. ² Diese Anforderungen gelten insbesondere für

1.

Einrichtungen der Kultur und des Bildungswesens,

2.

Sport- und Freizeitstätten,

3.

Einrichtungen des Gesundheitswesens,

4.

Verwaltungs- und Gerichtsgebäude,

5.

Verkaufs-, Gast- und Beherbergungsstätten,

6.

Stellplätze, Garagen und Toilettenanlagen.

[3] Sie gelten nicht bei Nutzungsänderungen, wenn die Anforderungen nur mit unverhältnismäßigem Aufwand erfüllt werden können.

(2) Abweichend von § 33 Abs. 4 müssen Gebäude mit barrierefreien Aufzügen oder Rampen ausreichend ausgestattet sein, soweit Geschosse barrierefrei erreichbar sein müssen.

(3) Abs. 1 und 2 gelten nicht, soweit die Anforderungen wegen schwieriger Geländeverhältnisse, ungünstiger vorhandener Bebauung oder im Hinblick auf die Sicherheit der Menschen mit Behinderungen oder alten Menschen nur mit einem unverhältnismäßigen Mehraufwand erfüllt werden können.

VIERTER TEIL
Die am Bau Beteiligten

§ 47
Grundpflichten

Bei Errichtung, Aufstellung, Anbringung oder Änderung, Nutzungsänderung, Abbruch oder Beseitigung von baulichen Anlagen oder von Teilen baulicher Anlagen sowie von anderen Anlagen und Einrichtungen nach § 1 Abs. 1 Satz 2 sind die Bauherrschaft sowie im Rahmen ihres Wirkungskreises die anderen am Bau Beteiligten dafür verantwortlich, dass die öffentlich-rechtlichen Vorschriften und die Anordnungen der Bauaufsichtsbehörden eingehalten werden.

§ 48
Bauherrschaft

(1) Der Bauherrschaft obliegen gegenüber der Bauaufsichtsbehörde die nach den öffentlich-rechtlichen Vorschriften erforderlichen Anträge, Anzeigen und Nachweise; sie muss außerdem die Pflichten nach diesem Gesetz erfüllen, soweit sie nicht anderen auferlegt sind.

(2) [1] Bei Bauvorhaben, bei denen die Bauherrschaft aus mehreren Personen besteht, kann die Bauaufsichtsbehörde verlangen, dass eine Person benannt wird, die ihr gegenüber stellvertretend die Pflichten der Bauherrschaft zu erfüllen hat. [2] Im Übrigen finden § 18 Abs. 1 Satz 2 und 3 und Abs. 2 des Hessischen Verwaltungsverfahrensgesetzes Anwendung.

(3) Wechselt die Bauherrschaft, hat die neue Bauherrschaft dies unverzüglich der Bauaufsichtsbehörde schriftlich mitzuteilen.

(4) [1] Die Bauherrschaft hat zur Planung, Überwachung und Ausführung von Vorhaben, die nicht nach § 55 oder aufgrund des § 80 Abs. 4 Satz 1 Nr. 1 baugenehmigungsfrei sind, geeignete am Bau Beteiligte, Nachweisberechtigte und Sachverständige nach den §§ 49 bis 51 und § 59 zu beauftragen. [2] Satz 1 gilt nicht bei Nutzungsänderungen ohne bauliche Änderungen. [3] Bei Bauarbeiten in Selbsthilfe oder Nachbarschaftshilfe ist die Beauftragung von Unternehmen nicht erforderlich, wenn genügend Fachkräfte mit der nötigen Sachkunde, Erfahrung und Zuverlässigkeit mitwirken. [4] Abbrucharbeiten dürfen nicht in Selbsthilfe oder Nachbarschaftshilfe ausgeführt werden.

(5) [1] Sind von der Bauherrschaft beauftragte Personen für ihre Aufgabe nach Sachkunde und Erfahrung nicht geeignet, kann die Bauaufsichtsbehörde vor und während der Bauausführung verlangen, dass sie durch geeignete Personen ersetzt oder dass geeignete Fachleute hinzugezogen werden. [2] Die Bauaufsichtsbehörde kann die Einstellung der Bauarbeiten anordnen, bis geeignete am Bau Beteiligte oder Fachleute beauftragt sind.

§ 49
Entwurfsverfasserin, Entwurfsverfasser, Bauvorlageberechtigung

(1) [1] Die Entwurfsverfasserin oder der Entwurfsverfasser muss nach Sachkunde und Erfahrung für die Vorbereitung des jeweiligen Bauvorhabens geeignet sein. [2] Für die Vollständigkeit und Brauchbarkeit des Entwurfes ist die Person verantwortlich, die ihn verfasst hat. [3] Sie hat dafür zu sorgen, dass die für die Ausführung notwendigen Zeichnungen, Berechnungen und Anweisungen geliefert werden und dem genehmigten Entwurf und den öffentlich-rechtlichen Vorschriften entsprechen.

(2) [1] Haben Entwurfsverfasserinnen oder Entwurfsverfasser auf einzelnen Fachgebieten nicht die erforderliche Sachkunde und Erfahrung, haben sie dafür zu sorgen, dass geeignete Personen für die Fachplanung herangezogen werden. [2] Diese sind für die von ihnen gefertigten Fachentwürfe verantwortlich. [3] Für das ordnungsgemäße Ineinandergreifen aller Fachentwürfe bleibt die Entwurfsverfasserin oder der Entwurfsverfasser verantwortlich.

(3) [1] Entwurfsverfasserinnen oder Entwurfsverfasser, die Bauvorlagen für die baugenehmigungspflichtige oder für die nach § 56 oder nach § 69 zu behandelnde Errichtung und Änderung von Gebäuden fertigen, müssen bauvorlageberechtigt sein (Bauvorlageberechtigung). [2] Satz 1 gilt nicht für Bauvorlagen, die üblicherweise von Fachkräften mit anderer Ausbildung als nach Abs. 4 und 5 verfasst werden.

(4) Bauvorlageberechtigt ist, wer

1.

aufgrund des Hessischen Architekten- und Stadtplanergesetzes vom 23. Mai 2002 (GVBl. I S. 182), zuletzt geändert durch Gesetz vom 15. Dezember 2009 (GVBl. I S. 716), die Berufsbezeichnung „Architektin" oder „Architekt" zu führen berechtigt ist,

2.

aufgrund des Ingenieurkammergesetzes vom 30. September 1986 (GVBl. I S. 281), zuletzt geändert durch Gesetz vom 15. Dezember 2009 (GVBl. I S. 716), in die Liste der bauvorlageberechtigten Ingenieurinnen und Ingenieure eingetragen ist oder die Bauvorlageberechtigung nach § 19a Abs. 9 des Ingenieurkammergesetzes nachweisen kann,

3.

aufgrund des Hessischen Architekten- und Stadtplanergesetzes die Berufsbezeichnung „Innenarchitektin" oder „Innenarchitekt" führen darf, für die mit dieser Berufsaufgabe verbundenen baulichen Änderungen von Gebäuden oder

4.

bei Bauvorhaben in öffentlicher Trägerschaft im Rahmen der dienstlichen Tätigkeit bei der Bauherrschaft bedienstet ist und eine abgeschlossene Ausbildung einschließlich Vorbereitungsdienst oder vergleichbare Vorbildung in den Fachgebieten der Nr. 1 und 2 oder für Vorhaben nach Nr. 3 in dem dort genannten Fachgebiet hat.

(5) [1] Bauvorlageberechtigt für

1.

Wohngebäude mit nicht mehr als zwei Wohnungen und mit insgesamt nicht mehr als 200 m^2 Wohnfläche,

2.

eingeschossige gewerbliche Gebäude bis 200 m^2 Brutto-Grundfläche und bis 3 m Wandhöhe, gemessen von der Geländeoberfläche bis zur Schnittlinie zwischen Dachhaut und Außenwand,

3.

landwirtschaftliche Betriebsgebäude der Gebäudeklassen 1 bis 3 bis 200 m^2 Brutto-Grundfläche des Erdgeschosses und

4.

Garagen bis 200 m^2 Nutzfläche

sind auch Meisterinnen und Meister im Maurer- und Betonbauer- oder

54

Zimmererhandwerk, Personen mit einer erfolgreich abgelegten Prüfung, die als Voraussetzung für die Befreiung von der Prüfung der fachtheoretischen Kenntnisse dieser Meisterprüfungen anerkannt ist, sowie staatlich geprüfte Technikerinnen oder Techniker der Fachrichtung Bautechnik. ² Das Gleiche gilt für Berufsangehörige der Fachrichtungen nach Abs. 4 ohne Erfordernis der Berufspraxis und ohne Eintragung in die Liste der Bauvorlageberechtigten.

(6) ¹ Personen, die in einem anderen Mitgliedstaat der Europäischen Union oder einem nach dem Recht der Europäischen Gemeinschaften gleichgestellten Staat als Bauvorlageberechtigte niedergelassen sind und nicht über eine Qualifikation nach Abs. 4 oder 5 verfügen, sind bauvorlageberechtigt, wenn das Regierungspräsidium Darmstadt bescheinigt hat, dass sie gleichwertige Qualifikationsanforderungen erfüllen. ² Die Personen werden entsprechend ihrer Bauvorlageberechtigung in einem Verzeichnis geführt. ³ Die Bescheinigung nach Satz 1 wird auf Antrag erteilt.⁴ Dem Antrag sind die zur Beurteilung erforderlichen Unterlagen beizufügen. ⁵ Wird über die beantragte Bescheinigung nach Satz 1 nicht innerhalb einer Frist von drei Monaten entschieden, gilt sie als erteilt. ⁶ Im Übrigen gilt § 42a des Hessischen Verwaltungsverfahrensgesetzes. ⁷ Das Verfahren nach Satz 1 kann über eine einheitliche Stelle nach Teil V Abschnitt 1a des Hessischen Verwaltungsverfahrensgesetzes abgewickelt werden.

(7) Eine Bescheinigung nach Abs. 6 Satz 1 ist nicht erforderlich, wenn bereits in einem anderen Land eine Bescheinigung erteilt wurde; eine Eintragung in das vom Regierungspräsidium Darmstadt geführte Verzeichnis erfolgt nicht.

(8) ¹ Bauvorlageberechtigte sind verpflichtet, sich im Bereich des Baurechts fortzubilden. ² Sie haben sich nach Maßgabe üblicher Versicherungsbedingungen ausreichend gegen Haftpflichtansprüche zu versichern, die aus ihrer Berufsausübung herrühren können; dies gilt nicht für Bauvorlageberechtigte nach Abs. 4 Nr. 4.

§ 50
Unternehmen

(1) ¹ Jedes Unternehmen ist für die ordnungsgemäße Ausführung der übernommenen Arbeiten und insoweit für die ordnungsgemäße Einrichtung und den sicheren Betrieb der Baustelle verantwortlich. ² Hierzu müssen diese Arbeiten entsprechend

1.

   den nach § 3 Abs. 3 eingeführten Technischen Baubestimmungen,

2.

   den genehmigten Bauvorlagen, soweit eine bauaufsichtliche Prüfung entfällt den eingereichten Bauvorlagen,

3.

den Einzelzeichnungen, Einzelberechnungen und Anweisungen der Entwurfsverfasserin oder des Entwurfsverfassers

ausgeführt werden. ³ Das Unternehmen hat die erforderlichen Nachweise über die Verwendbarkeit der verwendeten Bauprodukte und Bauarten zu erbringen und auf der Baustelle bereitzuhalten. ⁴ Es darf unbeschadet der Vorschriften des § 65 Arbeiten nicht ausführen oder ausführen lassen, bevor die dafür notwendigen Unterlagen und Anweisungen an der Baustelle vorliegen.

(2) ¹ Hat das Unternehmen für einzelne übernommene Arbeiten nicht die erforderliche Sachkunde und Erfahrung, sind geeignete Fachunternehmen oder Fachleute heranzuziehen. ² Diese sind für ihre Arbeiten verantwortlich. ³ Für das ordnungsgemäße Ineinandergreifen der eigenen Arbeiten mit denen der Fachunternehmen oder Fachleute ist das Unternehmen verantwortlich.

(3) Unternehmen, Fachunternehmen und Fachleute haben auf Verlangen der Bauaufsichtsbehörde für Bauarbeiten, bei denen die Sicherheit der baulichen Anlagen sowie der anderen Anlagen und Einrichtungen nach § 1 Abs. 1 Satz 2 in außergewöhnlichem Maße von der besonderen Sachkunde und Erfahrung oder von einer Ausstattung der Unternehmen mit besonderen Vorrichtungen abhängt, nachzuweisen, dass sie für die Bauarbeiten geeignet sind und über die erforderlichen Einrichtungen verfügen.

§ 51
Bauleitung
(1) ¹ Die mit der Bauleitung beauftragte Person hat darüber zu wachen, dass die Baumaßnahme dem öffentlichen Baurecht, insbesondere

1.

den nach § 3 Abs. 3 eingeführten Technischen Baubestimmungen,

2.

den genehmigten Bauvorlagen, soweit eine bauaufsichtliche Prüfung entfällt den eingereichten Bauvorlagen,

3.

den Einzelzeichnungen, Einzelberechnungen und Anweisungen der Entwurfsverfasserin oder des Entwurfsverfassers

entsprechend ausgeführt wird, und die hierfür erforderlichen Weisungen zu erteilen. ² Im Rahmen dieser Aufgabe ist für den sicheren Betrieb der Baustelle, insbesondere das gefahrlose Ineinandergreifen aller Arbeiten zu sorgen.

(2) ¹ Die Bauleitung darf nur übernehmen, wer über die erforderliche Sachkunde und Erfahrung verfügt; für die Mindestqualifikation gilt § 49 Abs. 5 entsprechend. ² Verfügt die mit der Bauleitung beauftragte Person auf Teilgebieten nicht über die erforderliche Eignung, insbesondere Sachkunde und

Erfahrung, sind geeignete Personen für die Fachbauleitung heranzuziehen. [3] Diese treten insoweit an die Stelle der Bauleitung. [4] Aufgabe der Bauleitung bleibt es, die Tätigkeiten der Fachbauleitungen und die eigene Tätigkeit aufeinander abzustimmen.

FÜNFTER TEIL
Bauaufsichtsbehörden und Verwaltungsverfahren

Erster Abschnitt
Bauaufsichtsbehörden

§ 52
Zuständigkeiten, personelle Besetzung

(1) [1] Bauaufsichtsbehörden sind

1.

als untere Bauaufsichtsbehörde

a)

der Gemeindevorstand in den kreisfreien Städten, den kreisangehörigen Gemeinden mit einer Einwohnerzahl über 50 000 und den sonstigen Gemeinden, denen die Bauaufsicht übertragen ist,

b)

der Kreisausschuss in den Landkreisen,

2.

als obere Bauaufsichtsbehörde das Regierungspräsidium,

3.

als oberste Bauaufsichtsbehörde das für die Bauaufsicht zuständige Ministerium.

[2] Die Aufgabe der unteren Bauaufsichtsbehörde wird als Aufgabe zur Erfüllung nach Weisung wahrgenommen. [3] Die Aufgaben der Bauaufsicht obliegen, soweit in diesem Gesetz oder aufgrund dieses Gesetzes nichts anderes bestimmt ist, den unteren Bauaufsichtsbehörden.

(2) Die Bauaufsichtsbehörden sind zur Durchführung ihrer Aufgaben angemessen mit geeigneten Fachkräften, insbesondere mit Angehörigen des höheren technischen Verwaltungsdienstes der Fachrichtungen Architektur oder Bauingenieurwesen zu besetzen.

§ 53
Aufgaben und Befugnisse der Bauaufsichtsbehörden

(1) Die Bauaufsicht ist Aufgabe des Staates.

(2) ¹ Die Bauaufsichtsbehörden haben bei baulichen Anlagen sowie anderen Anlagen und Einrichtungen nach § 1 Abs. 1 Satz 2 für die Einhaltung der öffentlich-rechtlichen Vorschriften und der aufgrund dieser Vorschriften erlassenen Anordnungen zu sorgen. ² Sie haben in Wahrnehmung dieser Aufgaben die nach pflichtgemäßem Ermessen erforderlichen Maßnahmen zu treffen; dies gilt auch, soweit eine präventive bauaufsichtliche Prüfung entfällt. ³ Die gesetzlich geregelten Aufgaben und Befugnisse anderer Behörden bleiben unberührt.

(3) An rechtmäßig bestehende oder im Bau befindliche bauliche oder andere Anlagen und Einrichtungen nach § 1 Abs. 1 Satz 2 können nachträglich Anforderungen gestellt werden, soweit dies zur Abwehr von Gefahren für Leben und Gesundheit oder von schweren Nachteilen für die Allgemeinheit notwendig ist.

(4) Die Bauaufsichtsbehörden können zur Erfüllung ihrer Aufgaben Sachverständige und sachverständige Stellen heranziehen.

(5) Verwaltungsakte gelten auch für und gegen Rechtsnachfolgerinnen und Rechtsnachfolger.

(6) ¹ Die mit dem Vollzug dieses Gesetzes beauftragten Personen sind berechtigt, in Ausübung ihres Amtes oder Auftrages Grundstücke und bauliche Anlagen einschließlich der Wohnungen zu betreten. ² Soweit Satz 1 oder sonstige Vorschriften Grundrechte der Art. 13 oder 14 des Grundgesetzes oder der Art. 8 oder 45 Abs. 1 der Verfassung des Landes Hessen berühren, werden diese Rechte eingeschränkt.

(7) ¹ Den unteren Bauaufsichtsbehörden können im Rahmen der Fachaufsicht von der oberen und der obersten Bauaufsichtsbehörde allgemeine Weisungen und Weisungen im Einzelfall erteilt werden. ² Weisungen im Einzelfall können nur erteilt werden, wenn die untere Bauaufsichtsbehörde ihre Aufgaben nicht im Einklang mit dem öffentlichen Recht wahrnimmt oder die erteilten allgemeinen Weisungen nicht befolgt. ³ Satz 2 gilt nicht für Weisungen im technischen Bereich außerhalb des Städtebaus.

Zweiter Abschnitt
Verwaltungsverfahren

§ 54
Grundsatz

(1) ¹ Die Errichtung, Aufstellung, Anbringung und Änderung, die Nutzungsänderung, der Abbruch und die Beseitigung von baulichen Anlagen oder von Teilen baulicher Anlagen sowie von anderen Anlagen und Einrichtungen nach § 1 Abs. 1 Satz 2 bedürfen der Baugenehmigung, soweit in den §§ 55, 56, 68 und 69 oder aufgrund des § 80 Abs. 4 Satz 1 Nr. 1 nichts anderes bestimmt ist. ² Instandhaltungsarbeiten bedürfen keiner Baugenehmigung.

(2) Bauliche Anlagen sowie andere Anlagen und Einrichtungen nach § 1 Abs. 1 Satz 2 müssen, auch soweit eine bauaufsichtliche Prüfung entfällt, den öffentlich-rechtlichen Vorschriften entsprechen.

(3) Die Bauherrschaft kann bei Vorhaben, die der Genehmigungsfreistellung (§ 56) unterfallen, die Durchführung eines Baugenehmigungsverfahrens nach § 57 oder § 58 sowie bei Vorhaben, die dem vereinfachten Baugenehmigungsverfahren unterfallen, die Durchführung eines Baugenehmigungsverfahrens nach § 58 verlangen.

§ 55
Baugenehmigungsfreie Vorhaben

Vorhaben nach § 54 Abs. 1 Satz 1 bedürfen nach Maßgabe der Anlage 2 keiner Baugenehmigung.

§ 56
Baugenehmigungsfreie Vorhaben im beplanten Bereich (Genehmigungsfreistellung)

(1) ¹ Keiner Baugenehmigung bedarf über § 55 hinaus die Errichtung, Änderung oder Nutzungsänderung von baulichen Anlagen, die keine Sonderbauten sind, wenn die Voraussetzungen nach Abs. 2 vorliegen. ² Satz 1 gilt auch für Änderungen und Nutzungsänderungen von Anlagen, deren Errichtung oder Änderung nach vorgenommener Änderung oder bei geänderter Nutzung nach dieser Vorschrift baugenehmigungsfrei wäre.

(2) Vorhaben nach Abs. 1 sind baugenehmigungsfrei gestellt, wenn

1.

   sie im Geltungsbereich eines Bebauungsplanes im Sinne des § 30 Abs. 1 oder der §§ 12, 30 Abs. 2 des Baugesetzbuches liegen,

2.

   sie keiner Ausnahme oder Befreiung nach § 31 des Baugesetzbuches bedürfen,

3.

   die Erschließung im Sinne des Baugesetzbuches gesichert ist,

4.

   sie keiner Abweichung nach § 63 bedürfen und

5.

   die Gemeinde nicht innerhalb der Frist nach Abs. 3 Satz 3 der Bauherrschaft schriftlich erklärt, dass ein Baugenehmigungsverfahren durchgeführt werden soll, oder eine vorläufige Untersagung nach § 15 Abs. 1 Satz 2 des Baugesetzbuches beantragt.

(3) ¹ Die Bauherrschaft hat die erforderlichen Bauvorlagen bei der Gemeinde

59

einzureichen und zeitgleich eine Zweitausfertigung der Bauaufsichtsbehörde zuzuleiten. ² Eine Prüfpflicht der Gemeinde und der Bauaufsichtsbehörde besteht nicht. ³ Mit dem Vorhaben darf einen Monat nach Eingang der erforderlichen Bauvorlagen bei der Gemeinde begonnen werden. ⁴ Teilt die Gemeinde der Bauherrschaft vor Ablauf der Frist schriftlich mit, dass kein Baugenehmigungsverfahren durchgeführt werden soll und sie eine Untersagung nach § 15 Abs. 1 Satz 2 BauGB nicht beantragen wird, darf die Bauherrschaft bereits vor Ablauf der Frist nach Satz 3 mit der Ausführung des Vorhabens beginnen; von dieser Mitteilung hat die Gemeinde die Bauaufsichtsbehörde schriftlich zu unterrichten. ⁵ Will die Bauherrschaft mit der Ausführung des Vorhabens mehr als drei Jahre, nachdem die Bauausführung nach Satz 3 oder 4 zulässig geworden ist, beginnen, gelten Satz 1 bis 4 entsprechend.

(4) ¹ Die Erklärung der Gemeinde nach Abs. 2 Nr. 5 kann insbesondere deshalb erfolgen, weil die sonstigen Voraussetzungen des Abs. 1 oder 2 nicht vorliegen oder weil sie eine Überprüfung des Bauvorhabens aus anderen Gründen für erforderlich hält; eine Begründungspflicht besteht hierfür nicht.² Darauf, dass die Gemeinde von ihrer Erklärungsmöglichkeit keinen Gebrauch macht, besteht kein Rechtsanspruch.

(5) ¹ § 60 Abs. 2 Satz 1 und 4, Abs. 3 und 5 gelten entsprechend. ² § 59 bleibt unberührt.

§ 57
Vereinfachtes Baugenehmigungsverfahren

(1) ¹ Liegen bei Vorhaben nach § 56 Abs. 1 die Voraussetzungen nach § 56 Abs. 2 nicht vor, prüft die Bauaufsichtsbehörde nur die Zulässigkeit

1.

   nach den Vorschriften des Baugesetzbuches und aufgrund des Baugesetzbuches,

2.

   von Abweichungen nach § 63,

3.

   nach anderen öffentlich-rechtlichen Vorschriften, soweit wegen der Baugenehmigung eine Entscheidung nach diesen Vorschriften entfällt oder ersetzt wird.

² § 59 bleibt unberührt.

(2) ¹ Der Eingang des vollständigen Bauantrages ist unter Angabe des Datums schriftlich zu bestätigen. ² Über den Bauantrag ist innerhalb von drei Monaten nach Eingang des vollständigen Antrages zu entscheiden; die Bauaufsichtsbehörde kann diese Frist aus wichtigem Grund um bis zu zwei

Monate verlängern. ³ Die Baugenehmigung gilt als erteilt, wenn über den Bauantrag nicht innerhalb der nach Satz 2 maßgeblichen Frist entschieden worden ist.

§ 58
Baugenehmigungsverfahren

¹ Bei Sonderbauten und bei zugehörigen Nebengebäuden und Nebenanlagen prüft die Bauaufsichtsbehörde die Zulässigkeit

1.

nach den Vorschriften des Baugesetzbuches und aufgrund des Baugesetzbuches,

2.

nach den Vorschriften dieses Gesetzes und aufgrund dieses Gesetzes,

3.

nach anderen öffentlich-rechtlichen Vorschriften, soweit

a)

wegen der Baugenehmigung eine Entscheidung nach diesen Vorschriften entfällt oder ersetzt wird oder

b)

nach den anderen öffentlich-rechtlichen Vorschriften kein Zulassungsverfahren vorgeschrieben ist.

² Satz 1 gilt für den Abriss und die Beseitigung von baulichen Anlagen und anderen Anlagen und Einrichtungen nach § 1 Abs. 1 Satz 2 entsprechend, soweit diese nicht nach § 55 oder aufgrund des § 80 Abs. 4 Satz 1 Nr. 1 baugenehmigungsfrei sind. ³ Der Erschütterungsschutz sowie die Anforderungen des baulichen Arbeitsschutzes werden nicht geprüft. ⁴ § 59 bleibt unberührt.

§ 59
Bautechnische Nachweise, Typenprüfung

(1) ¹ Nachweise für die Standsicherheit einschließlich der Feuerwiderstandsdauer tragender Bauteile, den vorbeugenden Brandschutz, den Schall- und Wärmeschutz sowie Nachweise für Energieerzeugungsanlagen nach Abs. 6 sind nach Abs. 2 bis 6 von hierzu berechtigten Personen (Nachweisberechtigte) aufzustellen oder nach Prüfung auf Einhaltung der Anforderungen dieses Gesetzes oder aufgrund dieses Gesetzes durch Sachverständige zu bescheinigen. ² Eine bauaufsichtliche Prüfung entfällt; § 47 gilt entsprechend. ³ Satz 1 und 2 gelten nicht für Sonderbauten, ausgenommen

für Nachweise nach Abs. 5.

(2) Die jeweilige Bauvorlageberechtigung nach § 49 Abs. 4 bis 6 schließt die Berechtigung zur Erstellung der bautechnischen Nachweise nach Abs. 1 Satz 1 ein, soweit nicht in Abs. 3 bis 6 Abweichendes bestimmt ist.

(3) [1] Bei

1.

baulichen Anlagen mit Tragwerken von überdurchschnittlichem oder höherem Schwierigkeitsgrad,

2.

sonstigen baulichen Anlagen mit einer Höhe von mehr als 10 m,

3.

besonderen Verhältnissen des Baugrundes, des Grundwassers oder der Belastung sowie bei der Verwendung besonderer Baustoffe,

4.

Gebäuden der Gebäudeklassen 4 und 5

muss der Nachweis der Standsicherheit einschließlich der Feuerwiderstandsdauer tragender Bauteile von Sachverständigen für Standsicherheit im Sinne einer Rechtsverordnung nach § 80 Abs. 5 Satz 1 Nr. 2 bescheinigt sein. [2] In allen anderen Fällen muss der Nachweis von Nachweisberechtigten für Standsicherheit im Sinne einer Rechtsverordnung nach § 80 Abs. 5 Satz 1 Nr. 1 erstellt sein, es sei denn, der Nachweis wird entsprechend Satz 1 bescheinigt.

(4) [1] Bei Gebäuden der Gebäudeklasse 5 muss der Nachweis des vorbeugenden Brandschutzes von Sachverständigen für Brandschutz im Sinne einer Rechtsverordnung nach § 80 Abs. 5 Satz 1 Nr. 2 bescheinigt sein. [2] Bei Gebäuden der Gebäudeklasse 4 muss der Nachweis von Nachweisberechtigten für Brandschutz im Sinne einer Rechtsverordnung nach § 80 Abs. 5 Satz 1 Nr. 1 erstellt sein, es sei denn, der Nachweis wird entsprechend Satz 1 bescheinigt.

(5) Die Nachweise des Schall- und Wärmeschutzes sind von einer hierzu aufgrund einer Verordnung nach § 80 Abs. 5 Satz 1 Nr. 1 berechtigten Person zu erstellen.

(6) Die sichere Benutzbarkeit sowie die ordnungsgemäße Abführung der Abgase von Feuerungsanlagen, Anlagen der Kraft-Wärme-Kopplung, verbrennungsmotorisch betriebenen Wärmepumpen und feuerbeheizten Sorptionswärmepumpen einschließlich Anlagen zur Abführung von Abgasen ortsfester Verbrennungsmotoren ist gegenüber der Bauherrschaft durch

Sachverständige für Energieerzeugungsanlagen im Sinne des § 80 Abs. 5 Satz 1 Nr. 2 zu bescheinigen.

(7) Einer Prüfung bautechnischer Nachweise bedarf es ferner nicht, soweit mit dem Bauantrag Nachweise vorgelegt werden, die von einem Prüfamt für Baustatik allgemein geprüft sind (Typenprüfung); Typenprüfungen anderer Länder gelten auch im Land Hessen.

§ 60
Bauantrag, Bauvorlagen

(1) Der Antrag auf Baugenehmigung (Bauantrag) ist bei der Bauaufsichtsbehörde einzureichen.

(2) [1] Dem Bauantrag sind alle für die Beurteilung des Vorhabens und die Bearbeitung des Bauantrages erforderlichen Bauvorlagen beizufügen. [2] Die Bauaufsichtsbehörde kann zulassen, dass einzelne Bauvorlagen nachgereicht werden. [3] Jedem Bauantrag für Vorhaben nach § 49 Abs. 3 ist ein Nachweis der Bauvorlageberechtigung beizufügen. [4] Art und Umfang des Bauantrages und der Bauvorlagen sowie die Verwendung von Vordrucken können von der obersten Bauaufsichtsbehörde festgelegt und im Staatsanzeiger für das Land Hessen bekannt gemacht werden.

(3) Auch soweit die bauaufsichtliche Prüfung entfällt, sind die Bauvorlagen spätestens vor Baubeginn, nach § 59 erforderliche bautechnische Nachweise spätestens vor Ausführung der jeweiligen Bauabschnitte einzureichen.

(4) In besonderen Fällen kann zur Beurteilung der Einwirkung der baulichen Anlage auf die Umgebung und das Orts- und Landschaftsbild verlangt werden, dass die bauliche Anlage in geeigneter Weise auf dem Grundstück dargestellt wird.

(5) [1] Der Bauantrag ist von der Bauherrschaft und von der für den Entwurf verantwortlichen Person, die Bauvorlagen sind von der für den Entwurf verantwortlichen Person zu unterschreiben. [2] Die Fachentwürfe (§ 49 Abs. 2) müssen von den hierfür Verantwortlichen unterschrieben sein. [3] Für Bauvorhaben auf fremden Grundstücken kann der Nachweis verlangt werden, dass die Eigentumsberechtigten zustimmen.

§ 61
Behandlung des Bauantrages

(1) [1] Die Bauaufsichtsbehörde beteiligt oder hört zum Bauantrag die Gemeinde sowie diejenigen Stellen,

1.

   deren Beteiligung oder Anhörung für die Entscheidung über den Bauantrag durch Rechtsvorschrift vorgeschrieben ist oder

2.

   ohne deren Stellungnahme die Genehmigungsfähigkeit des Bauantrags nicht beurteilt werden kann;

die Beteiligung oder Anhörung entfällt, wenn die Gemeinde oder Stelle dem Bauantrag bereits vor Einleitung des Baugenehmigungsverfahrens zugestimmt hat. [2] Ein für die Erteilung der Baugenehmigung erforderlicher förmlicher Mitwirkungsakt (Benehmen, Einvernehmen, Zustimmung) einer anderen Stelle gilt als erteilt, wenn er nicht innerhalb eines Monats nach Eingang des Ersuchens verweigert wird; von dieser Frist abweichende Regelungen durch Rechtsvorschrift bleiben unberührt. [3] Stellungnahmen bleiben unberücksichtigt, wenn sie nicht innerhalb eines Monats nach Aufforderung zur Stellungnahme bei der Bauaufsichtsbehörde eingehen.

(2) [1] Die Bauaufsichtsbehörde kann Anträge und Bauvorlagen zurückweisen, wenn sie so unvollständig sind, dass sie nicht bearbeitet werden können. [2] Zur Beseitigung geringfügiger Mängel soll die Bauaufsichtsbehörde zunächst eine Frist setzen. [3] Werden die Mängel innerhalb der Frist nicht behoben, gilt der Antrag als zurückgenommen.

(3) [1] Ist für das Vorhaben eine Umweltverträglichkeitsprüfung erforderlich, sind im Genehmigungsverfahren die Vorschriften des Gesetzes über die Umweltverträglichkeitsprüfung in der jeweils geltenden Fassung anzuwenden. [2] Satz 1 gilt nicht, soweit die Umweltverträglichkeitsprüfung in einem anderen Verfahren durchzuführen ist.

(4) Ausgenommen bei Sonderbauten ist über den Bauantrag innerhalb von drei Monaten nach Eingang des vollständigen Antrages zu entscheiden; die Bauaufsichtsbehörde kann diese Frist aus wichtigem Grund um bis zu zwei Monate verlängern.

§ 62
Beteiligung der Nachbarschaft
(1) [1] Die Bauaufsichtsbehörde soll die Nachbarschaft benachrichtigen, bevor von Vorschriften, die ihrem Schutz dienen, Abweichungen, Ausnahmen oder Befreiungen zugelassen werden; das gilt auch, wenn die angewandte Abweichungs-, Ausnahme- oder Befreiungsvorschrift selbst nachbarschützend ist. [2] Einwendungen sind innerhalb von zwei Wochen nach Zugang der Benachrichtigung bei der Bauaufsichtsbehörde schriftlich oder zur Niederschrift vorzubringen.

(2) Wer den Abweichungen, Ausnahmen oder Befreiungen schriftlich zugestimmt hat, wird nicht benachrichtigt.

(3) [1] Die Abweichungen, Ausnahmen oder Befreiungen sind nur denjenigen bekannt zu geben, deren Einwendungen nicht entsprochen wird. [2] Die §§ 13 und 28 des Hessischen Verwaltungsverfahrensgesetzes finden bei der Nachbarschaftsbeteiligung keine Anwendung.

§ 63
Abweichungen
(1) [1] Die Bauaufsichtsbehörde kann Abweichungen von Vorschriften dieses Gesetzes oder von Vorschriften aufgrund dieses Gesetzes zulassen, wenn sie

64

unter Berücksichtigung des Zwecks der jeweiligen Anforderung und unter Würdigung der öffentlich-rechtlich geschützten nachbarlichen Belange mit den öffentlichen Belangen, insbesondere den Anforderungen des § 3 Abs. 1 vereinbar sind. ² § 3 Abs. 3 Satz 3 bleibt unberührt.

(2) Die Zulassung von Abweichungen nach Abs. 1 sowie von bauplanungsrechtlichen Ausnahmen und Befreiungen ist gesondert schriftlich zu beantragen; der Antrag ist zu begründen.

(3) ¹ Abs. 2 gilt auch für bauliche Anlagen, andere Anlagen oder Einrichtungen, die nach § 55 oder aufgrund des § 80 Abs. 4 Satz 1 Nr. 1 keiner Baugenehmigung bedürfen sowie für Abweichungen von Vorschriften, die in bauaufsichtlichen Verfahren nicht geprüft werden. ² § 61 Abs. 1, § 64 Abs. 3 bis 6 und § 65 Abs. 1 und 2 gelten entsprechend.

(4) ¹ Abweichungen, Ausnahmen und Befreiungen von nachbarschützenden öffentlich-rechtlichen Vorschriften sind zu begründen, wenn die Nachbarschaft Einwendungen nach § 62 Abs. 1 Satz 2 vorgebracht hat. ² Satz 1 gilt auch, soweit die Ausnahme- oder Befreiungsvorschrift selbst nachbarschützend ist.

§ 64
Baugenehmigung

(1) Die Baugenehmigung ist zu erteilen, wenn dem Vorhaben keine öffentlich-rechtlichen Vorschriften entgegenstehen, die im Baugenehmigungsverfahren zu prüfen sind; die Bauaufsichtsbehörde darf den Bauantrag auch ablehnen, wenn das Bauvorhaben gegen sonstige öffentlich-rechtliche Vorschriften verstößt.

(2) Auf Antrag können zu einem baugenehmigungspflichtigen Vorhaben gehörende Teile, Anlagen und Einrichtungen, die erst in einem späten Abschnitt der Bauausführung hergestellt, eingebaut, angebracht oder angeschlossen werden, von der Baugenehmigung ausgenommen und besonderen Baugenehmigungen vorbehalten werden, soweit eine getrennte Beurteilung möglich ist.

(3) ¹ Die Baugenehmigung bedarf der Schriftform; die elektronische Form ist ausgeschlossen. ² Ihr ist als Bestandteil eine Ausfertigung der mit einem Genehmigungsvermerk versehenen Bauvorlagen beizufügen. ³ Einer Begründung bedarf die Baugenehmigung nicht; § 63 Abs. 4 bleibt unberührt.

(4) Die Baugenehmigung kann unter Auflagen, Bedingungen und dem Vorbehalt der nachträglichen Aufnahme, Änderung oder Ergänzung einer Auflage sowie befristet erteilt werden.

(5) Die Baugenehmigung wird unbeschadet der privaten Rechte Dritter erteilt.

(6) ¹ Die Bauaufsichtsbehörde hat die Gemeinde von der Erteilung, dem Ablauf der Frist nach § 57 Abs. 2 Satz 3, der Verlängerung, der Ablehnung, der Rücknahme und dem Widerruf der Baugenehmigung unverzüglich zu unterrichten. ² Eine Ausfertigung des Bescheides ist beizufügen.

(7) ¹ Die Baugenehmigung erlischt, wenn innerhalb von drei Jahren nach ihrer Erteilung mit der Ausführung des Bauvorhabens nicht begonnen oder die Bauausführung ein Jahr unterbrochen worden ist. ² Diese Frist kann auf

schriftlichen Antrag um jeweils bis zu zwei Jahre verlängert werden. ³ Sie kann rückwirkend verlängert werden, wenn der Antrag vor Fristablauf bei der Bauaufsichtsbehörde eingegangen ist.

§ 65
Baubeginn

(1) Vor Zugang der Baugenehmigung oder vor Ablauf der Frist nach § 57 Abs. 2 Satz 3 darf mit der Ausführung nicht begonnen werden.

(2) ¹ Vor Baubeginn muss die Grundfläche des Gebäudes abgesteckt und seine Höhenlage festgelegt sein. ² Ist nach den Bauvorlagen Grenzbebauung vorgesehen oder die Lage des Gebäudes auf dem Grundstück durch Bezug auf die Grundstücksgrenzen bestimmt, muss die Absteckung von Sachverständigen für Vermessungswesen im Sinne einer Rechtsverordnung nach § 80 Abs. 5 Satz 1 Nr. 2 bescheinigt sein. ³ An der Baustelle müssen Baugenehmigungen sowie Bauvorlagen von Baubeginn an, nach § 59 erforderliche bautechnische Nachweise spätestens vor Ausführung der jeweiligen Bauabschnitte vorliegen.

(3) ¹ Der Ausführungsbeginn von Vorhaben ist mindestens eine Woche vorher schriftlich mitzuteilen

1.

   der Bauaufsichtsbehörde (Baubeginnsanzeige),

2.

   dem Sachverständigen für Energieerzeugungsanlagen, soweit das Vorhaben Anlagen nach § 59 Abs. 6 einschließt.

² Spätestens mit der Baubeginnsanzeige, im Falle der Nr. 1 spätestens vor Ausführung der jeweiligen Bauabschnitte, sind

1.

   die Bescheinigungen nach § 59 Abs. 3 Satz 1 und Abs. 4 Satz 1 vorzulegen,

2.

   die mit der Bauleitung beauftragte Person zu benennen; diese hat die Baubeginnsanzeige mit zu unterschreiben,

3.

   das mit der Ausführung des Rohbaus oder mit den Abbrucharbeiten beauftragte Unternehmen zu benennen.

³ Ein Wechsel der Beauftragten nach Satz 2 Nr. 2 oder 3 während der Bauausführung ist der Bauaufsichtsbehörde mitzuteilen. ⁴ Wechselt die

Bauleitung, hat die neu beauftragte Person die Mitteilung mit zu unterschreiben.

(4) Abs. 2 und 3 gelten nicht für Vorhaben, die nach § 55 oder aufgrund des § 80 Abs. 4 Satz 1 Nr. 1 baugenehmigungsfrei sind, soweit in Anlage 2 nichts anderes bestimmt ist.

Dritter Abschnitt
Besondere Verfahrensregelungen
§ 66
Bauvoranfrage, Bauvorbescheid

(1) ¹ Vor Einreichen des Bauantrages kann auf Antrag (Bauvoranfrage) zu einzelnen Fragen des Bauvorhabens, die im Baugenehmigungsverfahren zu prüfen sind, ein schriftlicher Bescheid (Bauvorbescheid) erteilt werden. ² Der Bauvorbescheid gilt drei Jahre. ³ Die Frist kann auf Antrag um jeweils bis zu einem Jahr verlängert werden. ⁴ Soweit der Bauvorbescheid nicht zurückgenommen oder widerrufen wird, ist er für das Baugenehmigungsverfahren bindend.

(2) Die §§ 49, 57 und 59 bis 64 gelten entsprechend.

§ 67
Teilbaugenehmigung

(1) ¹ Ist ein Bauantrag eingereicht, kann der Beginn der Bauarbeiten für die Baugrube und für einzelne Bauteile oder Bauabschnitte auf Antrag schon vor Erteilung der Baugenehmigung schriftlich gestattet werden (Teilbaugenehmigung). ² Die §§ 61 bis 65 gelten entsprechend.

(2) In der Baugenehmigung können für die bereits begonnenen Teile des Bauvorhabens zusätzliche Anforderungen gestellt werden, wenn sich bei der weiteren Prüfung der Bauvorlagen ergibt, dass dies zur Wahrung der in § 3 Abs. 1 genannten Belange erforderlich ist.

§ 68
Fliegende Bauten

(1) ¹ Fliegende Bauten sind bauliche Anlagen, die geeignet und bestimmt sind, wiederholt aufgestellt und zerlegt zu werden. ² Baustelleneinrichtungen und Baugerüste gelten nicht als Fliegende Bauten.

(2) ¹ Fliegende Bauten bedürfen, bevor sie erstmals aufgestellt und in Gebrauch genommen werden, einer Ausführungsgenehmigung. ² Dies gilt nicht für die in der Anlage 2 genannten Fliegenden Bauten.

(3) ¹ Die Ausführungsgenehmigung wird von der Bauaufsichtsbehörde erteilt, in deren Bereich die antragstellende Person die Hauptwohnung oder die gewerbliche Niederlassung hat. ² Ist die Hauptwohnung oder die gewerbliche Niederlassung außerhalb der Bundesrepublik Deutschland, ist die Bauaufsichtsbehörde zuständig, in deren Bereich der Fliegende Bau erstmals aufgestellt und in Gebrauch genommen werden soll.

(4) ¹ Die Ausführungsgenehmigung wird für eine bestimmte Frist erteilt, die

höchstens fünf Jahre betragen soll. [2] Sie kann auf schriftlichen Antrag von der für die Erteilung der Ausführungsgenehmigung zuständigen Behörde um jeweils bis zu fünf Jahre verlängert werden; § 64 Abs. 7 Satz 3 gilt entsprechend. [3] Die Genehmigung wird in ein Prüfbuch eingetragen; sie bedarf keiner Begründung. [4] Dem Prüfbuch ist eine Ausfertigung der mit einem Genehmigungsvermerk zu versehenden Bauvorlagen beizufügen. [5] Ausführungsgenehmigungen anderer Länder gelten auch im Land Hessen.

(5) [1] Personen, denen eine Ausführungsgenehmigung erteilt ist, haben den Wechsel ihrer Hauptwohnung oder ihrer gewerblichen Niederlassung oder die Übertragung eines Fliegenden Baues an Dritte der Bauaufsichtsbehörde anzuzeigen, die die Ausführungsgenehmigung erteilt hat. [2] Die Behörde hat die Änderungen in das Prüfbuch einzutragen und sie, wenn mit den Änderungen ein Wechsel der Zuständigkeit verbunden ist, der nunmehr zuständigen Behörde mitzuteilen.

(6) [1] Fliegende Bauten, die nach Abs. 2 Satz 1 einer Ausführungsgenehmigung bedürfen, dürfen unbeschadet anderer Vorschriften nur in Gebrauch genommen werden, wenn ihre Aufstellung der Bauaufsichtsbehörde des Aufstellungsortes unter Vorlage des Prüfbuches mindestens drei Tage vor Inbetriebnahme schriftlich angezeigt ist. [2] Die Bauaufsichtsbehörde kann die Inbetriebnahme dieser Fliegenden Bauten von einer Gebrauchsabnahme abhängig machen. [3] Das Ergebnis der Abnahme ist in das Prüfbuch einzutragen. [4] In der Ausführungsgenehmigung kann bestimmt werden, dass Anzeigen nach Satz 1 nicht erforderlich sind, wenn eine Gefährdung im Sinne des § 3 Abs. 1 nicht zu erwarten ist.

(7) [1] Die für die Erteilung der Gebrauchsabnahme zuständige Bauaufsichtsbehörde kann Auflagen erteilen oder die Aufstellung oder den Gebrauch Fliegender Bauten untersagen, soweit dies nach den örtlichen Verhältnissen oder zur Abwehr von Gefahren erforderlich ist, insbesondere weil die Betriebsoder Standsicherheit nicht oder nicht mehr gewährleistet ist oder von der Ausführungsgenehmigung abgewichen wird. [2] Wird die Aufstellung oder der Gebrauch aufgrund von Mängeln am Fliegenden Bau untersagt, ist dies in das Prüfbuch einzutragen. [3] Die ausstellende Bauaufsichtsbehörde oder die nach Abs. 5 Satz 2 zuständige Bauaufsichtsbehörde ist zu benachrichtigen; das Prüfbuch ist einzuziehen und dieser Bauaufsichtsbehörde zuzuleiten, wenn die Herstellung ordnungsgemäßer Zustände innerhalb angemessener Frist nicht zu erwarten ist.

(8) [1] Bei Fliegenden Bauten, die längere Zeit an einem Aufstellungsort betrieben werden, kann die für die Gebrauchsabnahme zuständige Bauaufsichtsbehörde aus Gründen der Sicherheit Nachabnahmen durchführen. [2] Das Ergebnis der Nachabnahme ist in das Prüfbuch einzutragen.

(9) § 60 Abs. 2 und 5, § 61 Abs. 2 und § 73 gelten entsprechend.

(10) Auf Fliegende Bauten, die der Landesverteidigung, der Feuerwehr, dem Katastrophenschutz oder der Unfallhilfe dienen, finden Abs. 1 bis 9 keine Anwendung.

(11) Genehmigungen für Fliegende Bauten aus Vertragsstaaten des

Abkommens vom 2. Mai 1992 über den Europäischen Wirtschaftsraum sind für die Ausführungsgenehmigung heranzuziehen, wenn von der nach Abs. 3 Satz 2 zuständigen Behörde die Gleichwertigkeit hinsichtlich dieses Gesetzes festgestellt wurde, wobei vorgenommene Untersuchungen und Prüfungen zu berücksichtigen sind.

§ 69
Vorhaben in öffentlicher Trägerschaft

(1) [1] Vorhaben nach § 54 Abs. 1 Satz 1 in öffentlicher Trägerschaft, die nicht nach § 55 oder nach einer aufgrund des § 80 Abs. 4 Satz 1 Nr. 1 erlassenen Rechtsverordnung baugenehmigungsfrei sind, bedürfen keiner Baugenehmigung (§ 64), wenn die Leitung der Entwurfsarbeiten einer Baudienststelle des Bundes oder eines Landes übertragen ist und die Baudienststelle mindestens mit einer oder einem Bediensteten des höheren technischen Verwaltungsdienstes der Fachrichtungen Architektur oder Bauingenieurwesen und mit sonstigen geeigneten Fachkräften ausreichend besetzt ist. [2] Solche baulichen Anlagen bedürfen der Zustimmung der Bauaufsichtsbehörde. [3] Die Zustimmung der Bauaufsichtsbehörde entfällt, wenn

1.

die Gemeinde dem Vorhaben gegenüber der Bauherrschaft schriftlich zustimmt und

2.

Abweichungen, Ausnahmen und Befreiungen von nachbarschützenden öffentlich-rechtlichen Vorschriften nicht erforderlich sind.

[4] Keiner Baugenehmigung oder Zustimmung bedürfen unter den Voraussetzungen des Satz 1 Baumaßnahmen in oder an bestehenden Gebäuden, soweit sie nicht zu einer Erweiterung des Bauvolumens oder zu einer der Baugenehmigungspflicht unterliegenden Nutzungsänderung führen, sowie der Abbruch und die Beseitigung von baulichen Anlagen oder von Teilen baulicher Anlagen sowie von anderen Anlagen und Einrichtungen nach § 1 Abs. 1 Satz 2. [5] Wird die Ausführung eines Vorhabens von einer Baudienststelle nach Satz 1 überwacht, bedürfen diese Bauvorhaben keiner Bauüberwachung (§ 73) und Bauzustandsbesichtigung (§ 74).

(2) [1] Die bauaufsichtliche Prüfung beschränkt sich auf die Zulässigkeit

1.

nach den Vorschriften des Baugesetzbuches und aufgrund des Baugesetzbuches,

2.

von Abweichungen (§ 63) von nachbarschützenden Vorschriften,

3.

nach anderen öffentlich-rechtlichen Vorschriften, soweit wegen der bauaufsichtlichen Zulassung eine Entscheidung nach diesen Vorschriften entfällt oder ersetzt wird.

² Im Übrigen bedarf die Zulässigkeit von Abweichungen keiner bauaufsichtlichen Entscheidung.

(3) ¹ Für das Zustimmungsverfahren gelten § 60 Abs. 1, 2, 4 und 5, §§ 61, 63, 64, § 65 Abs. 1, Abs. 2 Satz 1 und § 67 entsprechend. ² § 48 Abs. 4 und 5, § 65 Abs. 2 Satz 2 und Abs. 3 finden keine Anwendung.

(4) Bei Vorhaben des Bundes oder des Landes kann die obere Bauaufsichtsbehörde auf Antrag der öffentlichen Bauherrschaft die Zuständigkeit nach Abs. 1 übernehmen, wenn dies wegen der besonderen Bedeutung oder Schwierigkeit des Vorhabens zweckmäßig erscheint.

(5) ¹ Anlagen, die der Landesverteidigung dienen, sind abweichend von Abs. 1 bis 3 der oberen Bauaufsichtsbehörde vor Baubeginn in geeigneter Weise zur Kenntnis zu bringen. ² Im Übrigen wirken die Bauaufsichtsbehörden nicht mit. ³ § 68 Abs. 2 bis 11 findet auf Fliegende Bauten, die der Landesverteidigung dienen, keine Anwendung.

(6) ¹ Die öffentliche Bauherrschaft trägt die Verantwortung, dass Entwurf, Ausführung und Zustand der baulichen Anlagen sowie anderer Anlagen und Einrichtungen nach § 1 Abs. 1 Satz 2 den öffentlich-rechtlichen Vorschriften entsprechen. ² § 53 Abs. 2 Satz 2 und die §§ 71 und 72 finden keine Anwendung.

Vierter Abschnitt
Bauausführung
§ 70
Verbot unrechtmäßig gekennzeichneter Bauprodukte
Sind Bauprodukte entgegen § 21 mit dem Ü-Zeichen gekennzeichnet, kann die Bauaufsichtsbehörde die Verwendung dieser Bauprodukte untersagen und deren Kennzeichnung entwerten oder beseitigen lassen.

§ 71
Baueinstellung
¹ Werden bauliche Anlagen oder andere Anlagen oder Einrichtungen nach § 1 Abs. 1 Satz 2 im Widerspruch zu öffentlich-rechtlichen Vorschriften errichtet, geändert, abgebrochen oder beseitigt, kann die Bauaufsichtsbehörde die Einstellung der Arbeiten anordnen. ² Das gilt insbesondere, wenn

1.

die Ausführung eines Vorhabens entgegen den Vorschriften des § 65 Abs. 1 bis 3 begonnen wurde, oder

2.

bei der Ausführung eines

a)

baugenehmigungspflichtigen Vorhabens von den genehmigten oder
den nach § 60 Abs. 3 eingereichten Bauvorlagen,

b)

nach § 56 baugenehmigungsfreien Vorhabens von den eingereichten
Bauvorlagen

abgewichen wird,

3.

Bauprodukte verwendet werden, die unberechtigt mit dem CE-Zeichen (§
16 Abs. 1 Satz 1 Nr. 2) oder dem Ü-Zeichen (§ 21 Abs. 4) gekennzeichnet
sind.

§ 72
Nutzungsverbot, Beseitigungsanordnung

(1) [1] Werden bauliche Anlagen oder andere Anlagen oder Einrichtungen nach §
1 Abs. 1 Satz 2 im Widerspruch zu öffentlich-rechtlichen Vorschriften errichtet
oder geändert, kann die Bauaufsichtsbehörde die teilweise oder vollständige
Beseitigung der baulichen Anlagen anordnen, wenn nicht auf andere Weise
rechtmäßige Zustände hergestellt werden können. [2] Werden Anlagen oder
Einrichtungen nach Satz 1 im Widerspruch zu öffentlich-rechtlichen
Vorschriften benutzt, kann diese Benutzung untersagt werden.

(2) Die Bauaufsichtsbehörde kann verlangen, dass ein erforderliches Verfahren
durchgeführt wird oder nach § 56 Abs. 3 Satz 1 erforderliche Bauvorlagen
eingereicht werden.

§ 73
Bauüberwachung

(1) Die Bauaufsichtsbehörde kann bei der Ausführung von baulichen Anlagen
oder anderen Anlagen oder Einrichtungen im Sinne des § 1 Abs. 1 Satz 2 die
Einhaltung der öffentlich-rechtlichen Vorschriften und Anordnungen und die
ordnungsgemäße Erfüllung der Pflichten der am Bau Beteiligten überprüfen.

(2) [1] Die Sachverständigen im Sinne des § 59 Abs. 3 Satz 1 oder Abs. 4 Satz 1
bescheinigen auch die mit den von ihnen bescheinigten Unterlagen
übereinstimmende Bauausführung. [2] Satz 1 gilt entsprechend für
Nachweisberechtigte, soweit bautechnische Nachweise nach § 59 Abs. 1 nicht
nach § 59 Abs. 3 Satz 1 oder Abs. 4 Satz 1 zu bescheinigen sind oder
bescheinigt werden.

(3) ¹ Im Rahmen der Bauüberwachung können Proben von Bauprodukten, auch aus fertigen Teilen der baulichen Anlage, zu Prüfzwecken entnommen werden. ² Die Bauaufsichtsbehörde kann die Vorlage von Bescheinigungen, Bestätigungen oder sonstigen Erklärungen der herstellenden Unternehmen oder sachkundigen Lieferfirmen von Anlagen und Einrichtungen über die ordnungsgemäße Beschaffenheit der gelieferten Anlagen und Einrichtungen verlangen und die Bauüberwachung hierauf beschränken; § 60 Abs. 2 Satz 4 gilt entsprechend.

(4) Im Rahmen der Bauüberwachung ist jederzeit Einblick in die Genehmigungen, Zulassungen, Prüfzeugnisse, Übereinstimmungserklärungen, Übereinstimmungszertifikate, Überwachungsnachweise, Zeugnisse und Aufzeichnungen über die Prüfungen von Bauprodukten, in die Bautagebücher und andere vorgeschriebene Aufzeichnungen zu gewähren.

§ 74
Bauzustandsbesichtigung, Aufnahme der Nutzung

(1) ¹ Die Fertigstellung des Rohbaus und die abschließende Fertigstellung von Gebäuden, ausgenommen von nach § 55 oder aufgrund des § 80 Abs. 4 Satz 1 Nr. 1 baugenehmigungsfreien Gebäuden, sind der Bauaufsichtsbehörde und der Katasterbehörde jeweils mindestens zwei Wochen vorher unter Angabe des Zeitpunkts der Fertigstellung anzuzeigen. ² Der Rohbau ist fertig gestellt, wenn die tragenden Teile, die Schornsteine, die Brandwände und die Dachkonstruktion vollendet sind. ³ Zur abschließenden Fertigstellung des Gebäudes gehört auch die Fertigstellung der Wasserversorgungs- und Abwasserbeseitigungsanlagen.

(2) ¹ Zur Besichtigung des Rohbaus sind, soweit möglich, die Bauteile, die für die Standsicherheit und den Brandschutz, für den Wärme- und Schallschutz sowie für die Abwasserbeseitigung wesentlich sind, derart offen zu halten, dass Maße und Ausführungsart geprüft werden können. ² Für die Besichtigungen und die damit verbundenen möglichen Prüfungen sind die erforderlichen Arbeitskräfte und Geräte bereitzustellen. ³ Mit der Anzeige der Fertigstellung des Rohbaus sind die Bescheinigungen nach § 73 Abs. 2 vorzulegen. ⁴ Vor der dauerhaften Inbetriebnahme der Energieerzeugungsanlage, spätestens mit der Anzeige der abschließenden Fertigstellung des Gebäudes, ist die Bescheinigung nach § 59 Abs. 6 vorzulegen.

(3) ¹ Ob und in welchem Umfang eine Besichtigung aufgrund der Anzeigen nach Abs. 1 durchgeführt wird, bleibt dem Ermessen der Bauaufsichtsbehörde überlassen. ² Auf Antrag hat sie über Bauzustandsbesichtigungen eine Bescheinigung auszustellen.

(4) Die Bauaufsichtsbehörde kann über Abs. 1 hinaus verlangen, dass ihr oder einer von ihr beauftragten Person Beginn und Beendigung bestimmter Bauarbeiten angezeigt werden.

(5) Mit dem weiteren Ausbau darf erst einen Tag nach dem in der Anzeige nach Abs. 1 genannten Zeitpunkt der Fertigstellung des Rohbaus begonnen werden, soweit die Bauaufsichtsbehörde nicht einem früheren Beginn des weiteren Ausbaus zugestimmt hat.

(6) Die Bauaufsichtsbehörde kann verlangen, dass bei Bauausführungen die Arbeiten erst fortgesetzt oder die Anlagen erst benutzt werden, wenn sie von ihr oder einer beauftragten sachverständigen Person geprüft worden sind.

(7) ¹ Eine bauliche Anlage darf erst benutzt werden, wenn sie ordnungsgemäß fertig gestellt und sicher benutzbar ist, frühestens jedoch eine Woche nach dem in der Anzeige nach Abs. 1 genannten Zeitpunkt der Fertigstellung. ² Die Aufnahme der vollständigen oder teilweisen vorzeitigen Benutzung ist der Bauaufsichtsbehörde eine Woche vorher schriftlich mitzuteilen. ³ Die vorzeitige Benutzung ist zulässig, wenn wegen der öffentlichen Sicherheit und Ordnung Bedenken nicht bestehen und die Bauaufsichtsbehörde sie nicht innerhalb der Frist nach Satz 2 untersagt.

Fünfter Abschnitt
Baulasten, Bußgeldvorschriften

§ 75
Baulasten, Baulastenverzeichnis

(1) ¹ Durch Erklärung gegenüber der Bauaufsichtsbehörde können die Eigentumsberechtigten öffentlich-rechtliche Verpflichtungen zu einem ihre Grundstücke betreffenden Tun, Dulden oder Unterlassen übernehmen, die sich nicht schon aus öffentlich-rechtlichen Vorschriften ergeben (Baulasten). ² Baulasten werden unbeschadet der Rechte Dritter mit der Eintragung in das Baulastenverzeichnis wirksam; sie wirken auch gegenüber Rechtsnachfolgern. ³ Baulasten sind im Liegenschaftskataster nachzuweisen.

(2) ¹ Die Erklärung nach Abs. 1 bedarf der Schriftform. ² Die Unterschrift muss öffentlich beglaubigt oder von einer Behörde oder Person nach § 15 Abs. 2 des Hessischen Vermessungs- und Geoinformationsgesetzes vom 6. September 2007 (GVBl. I S. 548) beglaubigt sein, wenn sie nicht vor der Bauaufsichtsbehörde geleistet oder vor ihr anerkannt wird; dies gilt nicht für Träger öffentlicher Verwaltung.

(3) ¹ Die Baulast geht durch schriftlichen Verzicht der Bauaufsichtsbehörde unter. ² Der Verzicht ist zu erklären, wenn ein öffentliches Interesse an der Baulast nicht mehr besteht. ³ Vor dem Verzicht sollen durch die Baulast Verpflichtete und Begünstigte gehört werden. ⁴ Der Verzicht wird mit der Löschung der Baulast im Baulastenverzeichnis wirksam; die Löschung ist den Beteiligten und der das Liegenschaftskataster führenden Stelle mitzuteilen.

(4) ¹ Das Baulastenverzeichnis wird von der Bauaufsichtsbehörde oder von der durch Rechtsverordnung bestimmten Stelle geführt. ² In das Baulastenverzeichnis sind auch einzutragen

1.

   andere baurechtliche Verpflichtungen der Eigentumsberechtigten zu einem das Grundstück betreffenden Tun, Dulden oder Unterlassen, soweit ein öffentliches Interesse an der Eintragung besteht, und

2.

Bedingungen, Befristungen und Widerrufsvorbehalte.

(5) Wer ein berechtigtes Interesse darlegt, kann in das Baulastenverzeichnis Einsicht nehmen oder Auszüge fordern.

§ 76
Bußgeldvorschriften

(1) Ordnungswidrig handelt, wer vorsätzlich oder fahrlässig

1.

bei Einrichtung oder Betrieb einer Baustelle, bei Ausführung oder Abbruch von baulichen Anlagen sowie anderen Anlagen und Einrichtungen nach § 1 Abs. 1 Satz 2 einer Vorschrift des § 10 Abs. 2 oder des § 65 Abs. 2 Satz 2 zuwiderhandelt,

2.

Bauprodukte entgegen § 16 Abs. 1 Satz 1 Nr. 1 oder Nr. 2 ohne Ü-Zeichen oder CE-Zeichen verwendet,

3.

Bauarten entgegen § 20 Abs. 1 Satz 1 ohne die erforderliche allgemeine bauaufsichtliche Zulassung oder Zustimmung im Einzelfall anwendet,

4.

Bauprodukte mit dem Ü-Zeichen kennzeichnet, ohne dass dafür die Voraussetzungen nach § 21 Abs. 4 vorliegen,

5.

einer vollziehbaren schriftlichen Anordnung der Bauaufsichtsbehörde zuwiderhandelt, die nach diesem Gesetz oder nach einer aufgrund dieses Gesetzes erlassenen Rechtsverordnung oder Satzung erlassen worden ist, sofern die Anordnung auf die Bußgeldvorschrift verweist,

6.

bei der Herstellung oder Instandhaltung von baulichen Anlagen oder anderen Anlagen oder Einrichtungen einer Vorschrift des § 46 Abs. 1 oder 2 zuwiderhandelt,

7.

die Mitteilungen, Anzeigen oder Unterlagen nach § 48 Abs. 3 oder § 65 Abs. 3 Satz 1 bis 3 nicht oder nicht rechtzeitig erstattet oder zuleitet,

74

8.

entgegen § 48 Abs. 4 Satz 1 oder Abs. 5 Satz 1 der Pflicht zur
Beauftragung von am Bau Beteiligten und Sachverständigen nicht
nachkommt oder seinen Pflichten nach § 49 Abs. 1 Satz 3, § 50 Abs. 1
Satz 3 oder § 51 Abs. 1 Satz 1 zuwiderhandelt,

9.

entgegen § 48 Abs. 4 Satz 4 baugenehmigungspflichtige Abbrucharbeiten
in Selbst- oder Nachbarschaftshilfe ausführt oder ausführen lässt,

10.

entgegen § 50 Abs. 1 Satz 4 ohne Vorliegen der erforderlichen Unterlagen
mit der Ausführung von Bauarbeiten beginnt oder beginnen lässt,

11.

vor Ablauf der Frist des § 56 Abs. 3 Satz 3 oder 4 oder abweichend von
den nach § 56 Abs. 3 Satz 1 oder § 60 Abs. 3 eingereichten Bauvorlagen
bauliche Anlagen oder andere Anlagen oder Einrichtungen nach § 1 Abs. 1
Satz 2 errichtet, aufstellt, anbringt, ändert oder dies als Bauherrschaft
nach § 48 Abs. 1 oder als für die Bauleitung oder fachliche Bauleitung
nach § 51 Abs. 1 Satz 1 oder Abs. 2 Satz 3 verantwortliche Person zulässt,

12.

ohne erforderliche Baugenehmigung oder Teilbaugenehmigung nach § 54
Abs. 1 Satz 1, § 65 Abs. 1 oder § 67 Abs. 1 Satz 2 in Verbindung mit § 65
Abs. 1 oder ohne die erforderliche Abweichung, Ausnahme oder Befreiung
nach § 63 Abs. 3 oder abweichend davon bauliche Anlagen oder andere
Anlagen oder Einrichtungen nach § 1 Abs. 1 Satz 2 errichtet, aufstellt,
anbringt, ändert, benutzt oder ganz oder teilweise beseitigt oder dies als
Bauherrschaft nach § 48 Abs. 1 oder als für die Bauleitung oder fachliche
Bauleitung nach § 51 Abs. 1 Satz 1 oder Abs. 2 Satz 3 verantwortliche
Person zulässt,

13.

entgegen den Freistellungsvorbehalten des Abschnitts V der Anlage 2 zu §
55 bauliche Anlagen errichtet, aufstellt, anbringt, ändert, erneuert, in
Betrieb nimmt oder die Nutzung ändert,

14.

entgegen § 59 Abs. 3 Satz 1 oder Abs. 4 Satz 1 bautechnische Nachweise
nicht bescheinigen lässt,

15.

    entgegen § 59 Abs. 6 in Verbindung mit § 74 Abs. 2 Satz 4 Anlagen ohne Bescheinigung in Betrieb nimmt,

16.

    entgegen § 68 Abs. 2 Satz 1 Fliegende Bauten ohne Ausführungsgenehmigung aufstellt oder in Gebrauch nimmt oder entgegen § 68 Abs. 6 Satz 2 ohne eine von der Bauaufsichtsbehörde geforderte Abnahme in Gebrauch nimmt,

17.

    entgegen § 73 Abs. 3 Satz 2 eine von der Bauaufsichtsbehörde verlangte Bescheinigung, Bestätigung oder sonstige Erklärung nicht vorlegt, entgegen § 74 Abs. 2 Satz 3 Bescheinigungen nicht vorlegt oder entgegen § 74 Abs. 4 eine von der Bauaufsichtsbehörde verlangte Anzeige nicht erstattet,

18.

    entgegen § 74 Abs. 5 mit dem weiteren Ausbau beginnt, entgegen § 74 Abs. 6 Arbeiten fortsetzt oder Anlagen benutzt oder benutzen lässt oder entgegen § 74 Abs. 7 Aufenthaltsräume benutzt oder benutzen lässt,

19.

    einer nach § 20 Abs. 2 oder § 80 Abs. 1 Satz 1 Nr. 1 bis 6, Abs. 4 bis 6 erlassenen Rechtsverordnung zuwiderhandelt, soweit die Rechtsverordnung für einen bestimmten Tatbestand auf diese Bußgeldvorschrift verweist,

20.

    einer nach § 44 Abs. 1 Satz 2 oder § 81 Abs. 1 oder 2 erlassenen Satzung zuwiderhandelt, soweit die Satzung für einen bestimmten Tatbestand auf diese Bußgeldvorschrift verweist.

(2) Ordnungswidrig handelt auch, wer wider besseres Wissen unrichtige Angaben macht oder unrichtige Pläne oder Unterlagen vorlegt, um einen nach diesem Gesetz vorgesehenen Verwaltungsakt oder eine Genehmigungsfreistellung zu erwirken oder zu verhindern.

(3) Die Ordnungswidrigkeiten nach Abs. 1 Nr. 1 bis 19 und Abs. 2 können mit einer Geldbuße bis zu fünfhunderttausend Euro, Ordnungswidrigkeiten nach Abs. 1 Nr. 20 können mit einer Geldbuße bis zu fünfzehntausend Euro geahndet werden.

(4) ¹ Als Nebenfolge können Gegenstände, auf die sich Ordnungswidrigkeiten nach Abs. 1 Nr. 2 bis 4, 9 bis 20 oder Abs. 2 beziehen, eingezogen werden. ² § 19 des Gesetzes über Ordnungswidrigkeiten findet Anwendung.

(5) Verwaltungsbehörde im Sinne des § 36 Abs. 1 Nr. 1 des Gesetzes über Ordnungswidrigkeiten ist in den Fällen des Abs. 1 Nr. 2 bis 4 die obere Bauaufsichtsbehörde, im Falle des Abs. 1 Nr. 20 der Gemeindevorstand der Gemeinde, die die Satzung erlassen hat, in den übrigen Fällen die untere Bauaufsichtsbehörde.

SECHSTER TEIL
Übergangs- und Schlussvorschriften
§ 77
Anwendung auf bestehende bauliche und andere Anlagen und Einrichtungen

Aufgrund des § 80 Abs. 1 Satz 1 Nr. 3 bis 5 oder anderer Rechtsgrundlage erlassene Vorschriften über den Betrieb von baulichen Anlagen oder Räumen besonderer Art oder Nutzung nach § 2 Abs. 8 und § 45, über zu wiederholende Nachprüfungen von Anlagen und Einrichtungen, die im öffentlichen Interesse ständig ordnungsgemäß unterhalten werden müssen, sowie über die Anwesenheit fachkundiger Personen beim Betrieb technisch schwieriger baulicher Anlagen und anderer Anlagen und Einrichtungen und den Nachweis ihrer Befähigung gelten auch für bestehende Anlagen.

§ 78
Übergangsvorschriften

(1) Vor dem 2. Dezember 2010 eingeleitete Verfahren sind nach den bisherigen Verfahrensvorschriften weiterzuführen.

(2) Wer nach § 78 Abs. 3 und 4 in der bis zum 2. Dezember 2010 geltenden Fassung bauvorlagenberechtigt oder anerkannt war, gilt in dem bisherigen Umfang weiterhin als bauvorlageberechtigt oder anerkannt.

(3) Personen, die nach § 78 Abs. 5 in der bis zum 2. Dezember 2010 geltenden Fassung zur Übernahme der Bauleitung berechtigt waren, bleiben im Rahmen der bisherigen Berechtigung weiterhin berechtigt.

(4) Personen und Unternehmen, die nach § 78 Abs. 6 in der bis zum 2. Dezember 2010 geltenden Fassung bauvorlageberechtigt waren, bleiben im Rahmen ihrer jeweiligen Bauvorlageberechtigung weiterhin berechtigt.

(5) Aufzugsanlagen, Dampfkesselanlagen, Füllanlagen für Druckgase und elektrische Anlagen in explosionsgefährdeten Räumen, Druckbehälter und Anlagen zur Lagerung, Abfüllung und Beförderung brennbarer Flüssigkeiten müssen bis zum Inkrafttreten einer aufgrund des § 80 Abs. 2 Satz 1 erlassenen Rechtsverordnung den aufgrund des Geräte- und Produktsicherheitsgesetzes vom 6. Januar 2004 (BGBl. I S. 2), zuletzt geändert durch Gesetz vom 7. Juli 2005 (BGBl. I S.1970), erlassenen Rechtsverordnungen entsprechen.

(6) Anerkennungen als Prüf-, Überwachungs- und Zertifizierungsstellen nach § 24 in der bis zum 27. Dezember 2009 geltenden Fassung gelten bis zum Ablauf

des 31. Dezember 2012 fort.

(7) Satzungen und Bestandteile von Satzungen

1.

nach § 44 Abs. 1 Satz 2 Nr. 3 in der bis zum 2. Dezember 2010 geltenden Fassung,

2.

nach § 44 Abs. 1 Satz 2 Nr. 8 in der bis zum 2. Dezember 2010 geltenden Fassung, die die Ablösung der Herstellungspflicht in den Fällen des § 44 Abs. 1 Satz 2 Nr. 6 in der bis zum 2. Dezember 2010 geltenden Fassung regeln, und

3.

nach § 81 Abs. 2 in der bis zum 2. Dezember 2010 geltenden Fassung

treten am 3. Dezember 2010 außer Kraft.

§ 79
Aufhebung und Fortgeltung bisherigen Rechts

(1) Aufgehoben werden

1.

die Hessische Bauordnung vom 20. Dezember 1993 (GVBl. I S. 655), zuletzt geändert durch Gesetz vom 17. Dezember 1998 (GVBl. I S. 562),

2.

die Bauvorlagenverordnung vom 17. Dezember 1994 (GVBl. I S. 828).

(2) [1] Rechtsverordnungen, die aufgrund einer früher geltenden Hessischen Bauordnung erlassen sind, gelten, soweit sie diesem Gesetz nicht widersprechen, als aufgrund dieses Gesetzes erlassen. [2] Das Gleiche gilt für Satzungen und Anordnungen, die aufgrund einer früher geltenden Hessischen Bauordnung ergangen sind.

(3) Soweit in anderen Rechtsvorschriften auf nach Abs. 1 oder 2 außer Kraft getretene Vorschriften verwiesen ist, treten an ihre Stelle die entsprechenden Vorschriften dieses Gesetzes oder der aufgrund dieses Gesetzes erlassenen Rechtsverordnungen.

§ 80
Rechtsverordnungen, Verwaltungsvorschriften

(1) [1] Die Landesregierung wird ermächtigt, zur Verwirklichung der allgemeinen Anforderungen des § 3 Abs. 1 und 2 durch Rechtsverordnung Vorschriften zu

erlassen über

1.

die nähere Bestimmung allgemeiner Anforderungen in § 37, insbesondere über Feuerungsanlagen und Anlagen zur Verteilung von Wärme oder zur Warmwasserversorgung sowie über deren Betrieb, über Brennstoffleitungen, über Aufstellräume für Feuerstätten, Verbrennungsmotoren und Verdichter und über die Lagerung von Brennstoffen,

2.

die nähere Bestimmung allgemeiner Anforderungen in § 44 für Garagen mit einer Nutzfläche bis 1 000 m^2 sowie für Stellplätze,

3.

besondere Anforderungen oder Erleichterungen, die sich aus der besonderen Art oder Nutzung der baulichen Anlagen und Räume für Errichtung, Änderung, Unterhaltung, Betrieb und Benutzung ergeben (§ 2 Abs. 8, §§ 45 und 46), sowie über die Anwendung solcher Anforderungen auf bestehende bauliche Anlagen dieser Art,

4.

von Zeit zu Zeit zu wiederholende Nachprüfungen von Anlagen und Einrichtungen, die zur Verhütung erheblicher Gefahren oder Nachteile ständig ordnungsgemäß unterhalten werden müssen, und die Geltung dieser Nachprüfungspflicht für bestehende Anlagen oder Einrichtungen,

5.

die Anwesenheit fachkundiger Personen beim Betrieb technisch schwieriger baulicher und anderer Anlagen und Einrichtungen und den Nachweis ihrer Befähigungen,

6.

die Durchführung von Verordnungen, Richtlinien oder Entscheidungen des Rates oder eines Vertrages der Europäischen Union, die sich auf Bauprodukte oder Bauarten nach §§ 16 bis 24 oder auf Sachverständige oder sachverständige Organisationen oder Stellen beziehen.

[2] Wegen der technischen Anforderungen kann in den Rechtsverordnungen nach Satz 1 auf Bekanntmachungen sachverständiger Stellen, Vereinigungen und Organisationen unter Angabe der Fundstelle oder Bezugsstelle verwiesen werden.

79

(2) ¹ Durch Rechtsverordnung kann bestimmt werden, dass die Anforderungen der aufgrund des § 14 des Geräte- und Produktsicherheitsgesetzes und des § 16 Abs. 4 des Energiewirtschaftsgesetzes vom 24. April 1998 (BGBl. I S. 730), zuletzt geändert durch Verordnung vom 25. November 2003 (BGBl. I S. 2304), erlassenen Rechtsverordnungen entsprechend für Anlagen und Einrichtungen gelten, die weder gewerblichen noch wirtschaftlichen Zwecken dienen und in deren Gefahrenbereich auch keine Arbeitskräfte beschäftigt werden. ² Sie kann auch die Verfahrensvorschriften dieser Rechtsverordnungen für anwendbar erklären oder selbst das Verfahren bestimmen sowie Zuständigkeiten und Gebühren regeln. ³ Dabei kann sie ferner vorschreiben, dass danach zu erteilende Erlaubnisse die Baugenehmigung oder die Zustimmung nach § 69 einschließlich der zugehörigen Abweichungen, Ausnahmen oder Befreiungen einschließen und dass § 15 des Geräte- und Produktsicherheitsgesetzes insoweit Anwendung findet.

(3) ¹ Durch Rechtsverordnung können zum bauaufsichtlichen Verfahren Vorschriften erlassen werden über

1.

   Umfang, Inhalt und Zahl der Bauvorlagen,

2.

   die erforderlichen Anträge, Anzeigen, Nachweise und Bescheinigungen,

3.

   soweit erforderlich das Verfahren im Einzelnen.

² Dabei können für verschiedene Arten von Bauvorhaben unterschiedliche Anforderungen gestellt und Verfahrensregelungen getroffen werden. ³ Im Zusammenhang mit Verordnungen nach Abs. 1 Satz 1 Nr. 3 ist hierfür die Landesregierung zuständig.

(4) ¹ Durch Rechtsverordnung können zur Vereinfachung, Erleichterung und Beschleunigung des Baugenehmigungsverfahrens und zur Entlastung der Bauaufsichtsbehörden Regelungen getroffen werden über

1.

   weitere und weiter gehende Ausnahmen von der Baugenehmigungspflicht auch unter dem Vorbehalt weiterer Prüfungen,

2.

   den vollständigen oder teilweisen Wegfall der bautechnischen Prüfung bei bestimmten Arten von Bauvorhaben,

3.

80

die Übertragung von Prüfaufgaben der Bauaufsichtsbehörde im Rahmen des bauaufsichtlichen Verfahrens einschließlich der Bauüberwachung auf sachverständige Personen oder Stellen.

[2] Dabei können bestimmte Voraussetzungen festgelegt werden, die die Verantwortlichen nach §§ 49 bis 51 oder die sachverständigen Personen oder Stellen zu erfüllen haben. [3] Geregelt werden können insbesondere

1.

   die Fachbereiche, in denen die sachverständigen Personen und Stellen tätig werden,

2.

   Anforderungen an die Ausbildung, Fachkenntnisse, Berufserfahrung in zeitlicher und sachlicher Hinsicht, persönliche Zuverlässigkeit, Unabhängigkeit, Ausübung der Tätigkeit sowie Fort- und Weiterbildung,

3.

   die Notwendigkeit einer Anerkennung sowie die Voraussetzungen für den Verzicht auf die Anerkennung bei Vorliegen einer entsprechenden Anerkennung in anderen Ländern oder anderen Mitgliedstaaten der Europäischen Union,

4.

   die erfolgreiche Ablegung einer Prüfung als Voraussetzung der Anerkennung sowie die Voraussetzungen, die Inhalte und das Verfahren für diese Prüfung sowie die Bestellung und die Zusammensetzung der Prüfungsorgane,

5.

   das Anerkennungsverfahren sowie die Voraussetzungen für die Anerkennung, ihren Widerruf, ihre Rücknahme und ihr Erlöschen sowie die für die Anerkennung zuständige Stelle,

6.

   die Notwendigkeit, anerkannte Personen in besonderen Listen einzutragen, sowie die zur Führung dieser Listen zuständigen Stellen,

7.

   die Überwachung der anerkannten Personen und Stellen, die Maßnahmen bei Pflichtverletzungen sowie die hierfür zuständige Stelle,

8.

die Festsetzung einer Altersgrenze,

9.

das Erfordernis einer ausreichenden Haftpflichtversicherung,

10.

die Vergütung, die Verpflichtung der Abrechnung über eine Abrechnungsstelle sowie die Bestimmung der hierfür zuständigen Stelle.

(5) [1] Durch Rechtsverordnung können besondere Anforderungen gestellt werden an

1.

nachweisberechtigte Personen und Stellen, die nach § 59 Abs. 3 Satz 2, Abs. 4 Satz 2 und Abs. 5 bautechnische Nachweise erstellen,

2.

sachverständige Personen und Stellen, die nach diesem Gesetz oder aufgrund dieses Gesetzes tätig werden,

3.

Art, Dauer, Umfang und Nachweisführung der Fort- und Weiterbildung der Bauvorlageberechtigten sowie die für die Nachweisführung zuständige Stelle.

[2] Abs. 4 Satz 3 gilt entsprechend. [3] Weiterhin können geregelt werden

1.

die Voraussetzungen, unter denen die Bauaufsichtsbehörden

a)

die Vorlage von Bescheinigungen für bestimmte Sachbereiche verlangen kann oder verlangen muss,

b)

verlangen kann oder verlangen muss, dass die Bauherrschaft sich die Einhaltung bauaufsichtlicher Anforderungen durch sachverständige Personen oder Stellen bescheinigen lässt,

2.

die Voraussetzungen, unter denen die Bauherrschaft

a)

Bescheinigungen für bestimmte Sachbereiche vorzulegen hat oder

b)

sich die Einhaltung bauaufsichtlicher Anforderungen bescheinigen lassen muss.

(6) Durch Rechtsverordnung kann vorgeschrieben werden, dass die am Bau Beteiligten (§§ 49 bis 51), die Nachweisberechtigten und die sachverständigen Personen oder Stellen (§ 59) zum Nachweis der ordnungsgemäßen Bauausführung Bescheinigungen, Bestätigungen oder Nachweise über die Einhaltung bauaufsichtlicher Anforderungen vorzulegen haben.

(7) ¹ Durch Rechtsverordnung können den Bauaufsichtsbehörden nach diesem Gesetz obliegende Zuständigkeiten auf andere oder bestimmte Bauaufsichtsbehörden oder andere Behörden oder Stellen übertragen werden. ² Für die

1.

Erteilung von Zustimmungen im Einzelfall nach § 19 Satz 1 und nach § 20 Abs. 1 Satz 1 und 2,

2.

Anerkennung von Prüf-, Zertifizierungs- und Überwachungsstellen (§ 24 Abs. 1 und 3) und

3.

Erteilung von Ausführungsgenehmigungen und zur Gebrauchsabnahme für Fliegende Bauten nach § 68

kann die Befugnis auch auf eine Behörde eines anderen Landes übertragen werden, die der Aufsicht einer obersten Bauaufsichtsbehörde untersteht oder an deren Willensbildung das Land Hessen durch die oberste Bauaufsichtsbehörde mitwirkt, in den Fällen der Nr. 2 und 3 unter Regelung deren Vergütung auch auf eine sachverständige Stelle.

(8) Durch Rechtsverordnung können

1.

das Ü-Zeichen festgelegt und zu diesem Zeichen zusätzliche Angaben verlangt werden,

2.

das Anerkennungsverfahren nach § 24 Abs. 1, die Voraussetzungen für die Anerkennung, ihren Widerruf und ihr Erlöschen geregelt, insbesondere auch Altersgrenzen festgelegt sowie eine ausreichende Haftpflichtversicherung gefordert werden.

(9) Abweichend von § 52 Abs. 1 Satz 1 können sonstigen Gemeinden auf ihren Antrag und nach Anhörung des Kreisausschusses durch Rechtsverordnung die Aufgaben der unteren Bauaufsichtsbehörden ganz oder teilweise zur Erfüllung nach Weisung übertragen werden.

(10) Die nach diesem Gesetz zulässigen Rechtsverordnungen sind, soweit nichts anderes bestimmt ist, von der für die Bauaufsicht zuständigen Ministerin oder von dem dafür zuständigen Minister zu erlassen.

(11) Die oberste Bauaufsichtsbehörde erlässt die zur Durchführung dieses Gesetzes oder der Rechtsvorschriften aufgrund dieses Gesetzes erforderlichen Verwaltungsvorschriften.

§ 81
Örtliche Bauvorschriften

(1) [1] Die Gemeinden können durch Satzung Vorschriften erlassen über

1.

die äußere Gestaltung baulicher Anlagen und Warenautomaten zur Durchführung baugestalterischer Absichten oder zur Verwirklichung von Zielen des rationellen Umgangs mit Energie und Wasser in bestimmten, genau abgegrenzten bebauten oder unbebauten Teilen des Gemeindegebietes; die Vorschriften über Werbeanlagen und Warenautomaten können sich dabei auch auf deren Art, Größe und Anbringungsort erstrecken,

2.

besondere Anforderungen an bauliche Anlagen und Warenautomaten zum Schutz bestimmter Bauten, Straßen, Plätze oder Gemeindeteile von geschichtlicher, künstlerischer oder städtebaulicher Bedeutung sowie von Baudenkmälern und Naturdenkmälern; dabei können nach den örtlichen Gegebenheiten insbesondere bestimmte Arten von Werbeanlagen und Warenautomaten ausgeschlossen werden,

3.

die Gestaltung der Kinderspielplätze, der Lagerplätze, der Camping-, Zelt- und Wochenendplätze, der Standflächen für Abfallbehältnisse sowie über Notwendigkeit, Art, Gestaltung und Höhe von Einfriedungen; hierzu

84

können auch Anforderungen an die Bepflanzung gestellt und die Verwendung von Pflanzen, insbesondere als Hecken, als Einfriedungen verlangt werden,

4.

die Ausstattung, Gestaltung, Größe und Zahl der Stellplätze für Kraftfahrzeuge sowie der Abstellplätze für Fahrräder,

5.

die Begrünung von baulichen Anlagen sowie über die Nutzung, Gestaltung und Bepflanzung der Grundstücksfreiflächen,

6.

andere als die in § 6 Abs. 4 bis 6 und Abs. 9 vorgeschriebenen Tiefen der Abstandsflächen in bestimmten Gemeindeteilen zur

a)

Wahrung der baugeschichtlichen Bedeutung,

b)

Erhaltung der Eigenart von Gemeindeteilen oder

c)

Verdichtung der Bebauung in Kerngebieten ohne Wohnnutzung.

Die Gemeindeteile sind in der Satzung genau zu bezeichnen. Geringere Abstände sind nur zulässig, wenn Gefahren im Sinne des § 3 Abs. 1 hierdurch nicht entstehen,

7.

die Beschränkung von Werbeanlagen, Warenautomaten und Einfriedungen in bestimmten Gemeindeteilen.

[2] Die Vorschriften nach Satz 1 Nr. 1 bis 4 können über Anforderungen des § 9 hinausgehen.

(2) [1] Anforderungen nach Abs. 1 können in der Satzung auch in Form zeichnerischer Darstellungen gestellt werden. [2] Diese können durch öffentliche Auslegung bekannt gemacht werden; hierauf sowie auf Ort und Zeit der Auslegung ist in der Satzung hinzuweisen.

(3) [1] In den Bebauungsplan können als Festsetzungen Vorschriften nach Abs. 1

sowie nach § 44 Abs. 1 Satz 2 aufgenommen werden. [2] § 10 Abs. 3 des Baugesetzbuches findet unter Ausschluss der übrigen Vorschriften des Baugesetzbuches auf diese Festsetzungen Anwendung. [3] Eine Verletzung von Verfahrens- und Formvorschriften sowie Mängel der Abwägung sind unbeachtlich, wenn sie nicht innerhalb eines Jahres seit der Bekanntmachung schriftlich gegenüber der Gemeinde geltend gemacht worden sind; der Sachverhalt, der die Verletzung oder den Mangel begründen soll, ist darzulegen.[4] Mängel der Satzung, die nicht nach Satz 3 unbeachtlich sind und die durch ein ergänzendes Verfahren behoben werden können, führen nicht zur Nichtigkeit. [5] Bis zur Behebung der Mängel entfaltet die Satzung keine Rechtswirkungen. [6] Die Satzung kann auch mit Rückwirkung erneut in Kraft gesetzt werden.

§ 82

Inkrafttreten

Dieses Gesetz tritt am 1. Oktober 2002 in Kraft.

Anlage 1

Bauteil- und Baustoffanforderungen nach § 13 Abs. 2 Satz 1

Gebäudeklassen	GK 1	GK 2	GK 3	GK4	GK5
Bauteile- und Baustoffe					
1 **tragende und aussteifende Wände, Pfeiler und Stützen (§ 25 Abs. 1)**[1]					
1.1 in Geschossen, ausgenommen Keller- und Dachgeschosse	B 2	F30-B	F30-B	F60-A oder F90-BA	F90-A
1.2 in Kellergeschossen	F30-B	F30-B	F30-B	F90-A	F90-A
1.3 in Dachgeschossen,					
1.3.1 wenn darüber Aufenthaltsräume möglich sind	B 2	F30-B	F30-B	F60-A oder F90-B	F90-BA
1.3.2 wenn darüber keine Aufenthaltsräume	B 2	B 2	B 2	B 2	B 2

86

	möglich sind				
2	**Außenwände, Außenwandteile (§ 25 Abs. 2)**				
2.1	nichttragende Außenwände und nichttragende Teile tragender Außenwände	B 2	B 2	B 2	A oder W30-B[2]	A oder W30-B[2]
2.2	Oberflächen von Außenwänden sowie Außenwandbekleidungen einschließlich Dämmstoffe und Unterkonstruktionen	B 2	B 2	B 2	B 1[3]	B 1[3]
2.3	Balkonbekleidungen, die über die erforderliche Umwehrungshöhe hinaus hochgeführt werden	B 2	B 2	B 2	B 1	B 1
3	**Trennwände, Öffnungen in Trennwänden (§ 26)**				
3.1	Trennwände[4]	X	F30-B[5]	F30-B	F60-A oder F90-BA	F90-A
3.2	in Kellergeschossen (§ 26 Abs. 1 Satz 2)	X	F30-B[5]	F30-B	F90-A	F90-A
3.3	in Dachgeschossen, wenn darüber keine Aufenthaltsräume möglich sind	X	F30-B[5]	F30-B	F30-B	F30-B
3.4	Feuerschutzabschlüsse von Öffnungen in Trennwänden	X	T30[5]	T30	T30	T30

4	**Brandwände (§ 27)**					
4.1	Brandwände	F90-A + M	F90-A + M	F90-A + M	F90-A + M	F90-A + M
4.2	zulässige Wände anstelle von inneren Brandwänden	X	F60-A oder F90-BA	F60-A oder F90-BA	F60-A + M oder F90-BA + M	nicht zulässig
4.3	zulässige Wände anstelle von Brandwänden als Gebäudeabschlusswände	6) 7	6) 7	6 7	6 7	nicht zulässig
4.4	Abschlüsse von Öffnungen in inneren Brandwänden	X	T90	T90	T90	T90
4.5	Verglasungen in inneren Brandwänden (§ 27 Abs. 9)	X	F90	F90	F90	F90
5	**Decken (§ 28)**[1]					
5.1	Decken, ausgenommen in Keller- und Dachgeschossen	B 2	F30-B	F30-B	F60-A oder F90-BA	F90-A
5.2	in Kellergeschossen	F30-B	F30-B	F30-B	F90-A	F90-A
5.3	in Dachgeschossen,					
5.3.1	wenn darüber Aufenthaltsräume möglich sind[8]	B 2	F30-B	F30-B	F60-A oder F90-B	F90-BA
5.3.2	wenn darüber keine Aufenthaltsräume möglich sind[8]	B 2	B 2	B 2	B 2	B 2

		1	2	3	4	5
5.4	Decken zwischen landwirtschaftlicher Nutzung und Wohnnutzung	F90-B	F90-B	F90-B	F90-A	F90-A
6	**notwendige Treppen (§ 30)**					
6.1	tragende Teile	B 2	B 2	A[9] oder F30-B [9]	A[9]	F30-A[9]
6.2	tragende Teile von Außentreppen nach § 31 Abs. 1 Satz 3 Nr. 3	X	X	A	A	A
7	**notwendige Treppenräume (§ 31), Räume nach § 31 Abs. 3 Satz 3**					
7.1	Wände	X	X	F30-B[10]	F60-A+M[10] oder F90-BA + M [10]	F90-A + M[10]
7.2	oberer Abschluss	X	X	F30-B[11]	F60-A[11] oder F90-BA[11]	F90-A[11]
7.3	Bekleidungen, Putze, Dämmstoffe, Unterdecken, Oberflächen von nicht bekleideten Wänden und Decken sowie Einbauten	X	X	A	A	A
7.4	Bodenbeläge, ausgenommen Gleitschutzprofile	X	X	B 1	B 1	B 1

Nr.						
7.5	Abschlüsse von Öffnungen in Treppenraumwänden[12]					
7.5.1	zu Kellergeschossen, nicht ausgebauten Dachräumen, Werkstätten, Läden, Lagerräumen und ähnlichen Räumen sowie zu sonstigen Räumen und Nutzungseinheiten mit einer Fläche von mehr als 200 m², ausgenommen Wohnungen	X	X	T30-RS	T30-RS	T30-RS
7.5.2	zu notwendigen Fluren	X	X	RS	RS	RS
7.5.3	zu sonstigen Räumen und sonstigen Nutzungseinheiten	X	X	mindestens dicht und selbstschließend	mindestens dicht- und selbstschließend	mindestens dicht- und selbstschließend
8	**notwendige Flure (§ 32) und offene Gänge nach § 32 Abs. 5**					
8.1	Wände, Umwehrungen von offenen Gängen	X	X	F30-B	F30-B	F30-AB oder F30-BA
8.2	Wände in Kellergeschossen	X	X	F30-B	F90-A	F90-A
8.3	Feuerschutzabschlüsse von Öffnungen in Wänden notwendiger Flure zu Lagerbereichen im Kellergeschoss	X	X	T30	T30	T30
8.4	Bekleidungen, Unterdecken,	X	X	B 2	A	A

Dämmstoffe sowie Oberflächen von nicht bekleideten Wänden und Decken					

9	**Aufzüge (§ 33)**					
9.1	Fahrschachtwände, Wände von Triebwerksräumen[13)]	X	X	F30-AB oder F30-BA	F60-AB oder F60-BA	F90-AB
9.2	Türen in Wänden von Triebwerksräumen	X	X	T30	T30	T30

Erläuterungen:

Die Feuerwiderstandsfähigkeit bezieht sich bei tragenden Bauteilen auf deren Standsicherheit im Brandfall, bei trennenden Bauteilen auf deren Widerstand gegen die Ausbreitung von Feuer und Rauch.

F30 / W30 / F60 / T30	Feuerwiderstandsklasse des jeweiligen Bauteils nach seiner Feuerwiderstandsdauer in Minuten (feuerhemmend)
F90 / T90	Feuerwiderstandsklasse des jeweiligen Bauteils nach seiner Feuerwiderstandsdauer in Minuten (feuerbeständig)
A	nichtbrennbare Baustoffe (A 1) und nichtbrennbare Baustoffe mit brennbaren Bestandteilen (A 2)
AB	in wesentlichen Teilen aus nichtbrennbaren Baustoffen
BA	Bauteile, deren tragende und aussteifende Teile aus brennbaren Baustoffen bestehen und die allseitig eine brandschutztechnisch wirksame Bekleidung aus nichtbrennbaren Baustoffen (Brandschutzbekleidung) und Dämmstoffe aus nichtbrennbaren Baustoffen haben.
B	brennbare Baustoffe
B 1	schwerentflammbare Baustoffe
B 2	normalentflammbare Baustoffe

M	widerstandsfähig gegen zusätzliche mechanische Beanspruchung
RS	Rauchschutztür
T	Feuerschutzabschluss

Fußnoten

1)

Dies gilt nicht für Balkone, ausgenommen offene Gänge als notwendige Flure.

2)

Brennbare Fensterprofile und Dichtungsstoffe sowie brennbare Dämmstoffe in nichtbrennbaren Profilen der Außenwandkonstruktion sind zulässig.

2)

Brennbare Fensterprofile und Dichtungsstoffe sowie brennbare Dämmstoffe in nichtbrennbaren Profilen der Außenwandkonstruktion sind zulässig.

3)

Befestigungsteile der Unterkonstruktion und der Dämmstoffe können aus normalentflammbaren Baustoffen (B 2) bestehen; Unterkonstruktionen aus normalentflammbaren Baustoffen sind zulässig, wenn die Anforderungen nach § 25 Abs. 2 durch geeignete Maßnahmen erfüllt sind.

3)

Befestigungsteile der Unterkonstruktion und der Dämmstoffe können aus normalentflammbaren Baustoffen (B 2) bestehen; Unterkonstruktionen aus normalentflammbaren Baustoffen sind zulässig, wenn die Anforderungen nach § 25 Abs. 2 durch geeignete Maßnahmen erfüllt sind.

4)

§ 26 Abs. 2 bleibt unberührt.

5)

Gilt nicht für Wohngebäude der Gebäudeklasse 2.

5)

Gilt nicht für Wohngebäude der Gebäudeklasse 2.

5)

Gilt nicht für Wohngebäude der Gebäudeklasse 2.

5)

Gilt nicht für Wohngebäude der Gebäudeklasse 2.

6)

92

In den Fällen des § 27 Abs. 2 Satz 1 Nr. 4 sind Wände mit der Anforderung F90-AB zulässig, wenn der umbaute Raum des landwirtschaftlich genutzten Gebäudes oder Gebäudeteils nicht größer als 2 000 mm3 ist.

7)

Wände mit Brandschutzbekleidung, die von innen nach außen den Feuerwiderstand der tragenden und aussteifenden Teile des Gebäudes und von außen nach innen den Feuerwiderstand feuerbeständiger Bauteile haben.

6)

In den Fällen des § 27 Abs. 2 Satz 1 Nr. 4 sind Wände mit der Anforderung F90-AB zulässig, wenn der umbaute Raum des landwirtschaftlich genutzten Gebäudes oder Gebäudeteils nicht größer als 2 000 m3 ist.

7)

Wände mit Brandschutzbekleidung, die von innen nach außen den Feuerwiderstand der tragenden und aussteifenden Teile des Gebäudes und von außen nach innen den Feuerwiderstand feuerbeständiger Bauteile haben.

6)

In den Fällen des § 27 Abs. 2 Satz 1 Nr. 4 sind Wände mit der Anforderung F90-AB zulässig, wenn der umbaute Raum des landwirtschaftlich genutzten Gebäudes oder Gebäudeteils nicht größer als 2 000 m3 ist.

7)

Wände mit Brandschutzbekleidung, die von innen nach außen den Feuerwiderstand der tragenden und aussteifenden Teile des Gebäudes und von außen nach innen den Feuerwiderstand feuerbeständiger Bauteile haben.

6)

In den Fällen des § 27 Abs. 2 Satz 1 Nr. 4 sind Wände mit der Anforderung F90-AB zulässig, wenn der umbaute Raum des landwirtschaftlich genutzten Gebäudes oder Gebäudeteils nicht größer als 2 000 m3 ist.

7)

Wände mit Brandschutzbekleidung, die von innen nach außen den Feuerwiderstand der tragenden und aussteifenden Teile des Gebäudes und von außen nach innen den Feuerwiderstand feuerbeständiger Bauteile haben.

1)

Dies gilt nicht für Balkone, ausgenommen offene Gänge als notwendige Flure

8)

§ 26 Abs. 2 bleibt unberührt.

8)

§ 26 Abs. 2 bleibt unberührt.

93

9)

    Dies gilt nicht innerhalb von Nutzungseinheiten.

9)

    Dies gilt nicht innerhalb von Nutzungseinheiten.

9)

    Dies gilt nicht innerhalb von Nutzungseinheiten.

9)

    Dies gilt nicht innerhalb von Nutzungseinheiten.

10)

    Dies ist nicht erforderlich für Außenwände von notwendigen Treppenräumen, die aus nichtbrennbaren Baustoffen bestehen und durch andere an diese Außenwände anschließende Gebäudeteile im Brandfall nicht gefährdet werden können.

10)

    Dies ist nicht erforderlich für Außenwände von notwendigen Treppenräumen, die aus nichtbrennbaren Baustoffen bestehen und durch andere an diese Außenwände anschließende Gebäudeteile im Brandfall nicht gefährdet werden können.

10)

    Dies ist nicht erforderlich für Außenwände von notwendigen Treppenräumen, die aus nichtbrennbaren Baustoffen bestehen und durch andere an diese Außenwände anschließende Gebäudeteile im Brandfall nicht gefährdet werden können.

10)

    Dies ist nicht erforderlich für Außenwände von notwendigen Treppenräumen, die aus nichtbrennbaren Baustoffen bestehen und durch andere an diese Außenwände anschließende Gebäudeteile im Brandfall nicht gefährdet werden können.

11)

    Dies gilt nicht, wenn der obere Abschluß das Dach ist und die Treppenraumwände bis unter die Dachhaut reichen.

11)

    Dies gilt nicht, wenn der obere Abschluß das Dach ist und die Treppenraumwände bis unter die Dachhaut reichen.

11)

    Dies gilt nicht, wenn der obere Abschluß das Dach ist und die Treppenraumwände bis unter die Dachhaut reichen.

11)

    Dies gilt nicht, wenn der obere Abschluß das Dach ist und die Treppenraumwände bis unter die Dachhaut reichen.

Die Feuerschutz- und Rauchschutzabschlüsse dürfen entsprechend ausgebildete lichtdurchlässige Seitenteile und Oberlichter haben, wenn der Abschluss insgesamt nicht breiter als 3,50 m ist.

13)

Dies gilt nur für Wände, die an andere Räume oder Rettungswege angrenzen.

Anlage 2

Baugenehmigungsfreie Vorhaben nach § 55

I

Errichtung, Aufstellung, Anbringung

1.

Gebäude und Gebäudeteile

1.1

Gebäude ohne Aufenthaltsräume, Toiletten oder Feuerstätten, wenn die Gebäude nicht mehr als 30 m^3 Brutto-Rauminhalt haben und weder Verkaufs- noch Ausstellungszwecken dienen,

1.2

Garagen bis 50 m^2 Brutto-Grundfläche einschließlich Abstellraum einschließlich Zufahrten mit nicht mehr als 200 m^2 Grundfläche, unter dem Vorbehalt des Abschnitts V Nr. 1,

1.3

Gebäude bis zu 6 m Firsthöhe, die nur zum vorübergehenden Schutz von Pflanzen oder Tieren oder zur Unterbringung von Ernteerzeugnissen bestimmt sind und die einem land- oder forstwirtschaftlichen Betrieb dienen, unter dem Vorbehalt des Abschnitts V Nr. 1, bei einer Firsthöhe von mehr als 4 m zusätzlich unter dem Vorbehalt des Abschnitts V Nr. 3,

1.4

Gewächshäuser einschließlich Folientunnel bis 6 m Firsthöhe, die einem land- oder forstwirtschaftlichen oder erwerbsgärtnerischen Betrieb dienen, unter dem Vorbehalt des Abschnitts V Nr. 1, bei Firsthöhe von mehr als 5 m zusätzlich unter dem Vorbehalt des Abschnitts V Nr. 3,

1.5

Wochenendhäuser auf bauaufsichtlich genehmigten Wochenendplätzen, unter dem Vorbehalt des Abschnitts V Nr. 3,

1.6

Lauben im Sinne des Bundeskleingartengesetzes in der jeweils geltenden Fassung in durch Bebauungsplan festgesetzten Kleingartenanlagen,

1.7

Schutz-, Geräte- und Vorratshütten für Berufsfischerei, Berufsimkerei, Waldarbeit, Forstwirtschaft, Landwirtschaft und Jagd,

1.8

Fahrgast- und Fahrradunterstände, die dem öffentlichen Personenverkehr oder dem Schülertransport dienen,

1.9

Kioske, Verkaufswagen und Toiletten auf öffentlichen Verkehrsflächen,

1.10

Schutzhütten für Wanderer und Radwanderer, wenn die Hütten jedermann zugänglich sind und keine Aufenthaltsräume haben,

1.11

Grillhütten, die von einer Körperschaft des öffentlichen Rechts errichtet und unterhalten werden,

1.12

Wintergärten bis 30 m^2 Brutto-Grundfläche bei Gebäuden der Gebäudeklassen 1 bis 3 mit einem Mindestabstand von 3 m zur Nachbargrenze, unter den Vorbehalten des Abschnitts V Nr. 1 und 3,

1.13

Überdachungen und Teilverglasungen von erdgeschossigen Terrassen bei Gebäuden der Gebäudeklassen 1 bis 3 mit einem Mindestabstand von 3 m zur Nachbargrenze, unter dem Vorbehalt des Abschnitts V Nr. 3,

1.14

Balkonüberdachungen bis 30 m^2 sowie Balkonverglasungen, jeweils bei Gebäuden der Gebäudeklassen 1 bis 3, unter dem Vorbehalt des

Abschnitts V Nr. 3,

1.15

Vorbauten, wie Hauseingangstreppen, deren Überdachungen, Windfänge sowie Erker und Balkone bis jeweils 30 m^2 Brutto-Grundfläche je Geschoss bei Gebäuden der Gebäudeklassen 1 bis 3; bei Erkern und Balkonen sowie bei Windfängen mit mehr als 40 m^3 Brutto-Rauminhalt unter den Vorbehalten des Abschnitts V Nr. 1 und 3,

1.16

Dachaufbauten einschließlich Dachgauben auf bestehenden Gebäuden, unter den Vorbehalten des Abschnitts V Nr. 1 und 3.

2.

Tragende und nichttragende Bauteile

2.1

tragende oder aussteifende Bauteile im Innern von bestehenden Gebäuden sowie nichttragende und nichtaussteifende Bauteile, an die Brandschutzanforderungen gestellt werden, jeweils unter dem Vorbehalt des Abschnitts V Nr. 3; dies gilt nicht für Sonderbauten,

2.2

nichttragende und nichtaussteifende Bauteile in baulichen Anlagen, an die keine Brandschutzanforderungen gestellt werden, unter dem Vorbehalt des Abschnitts V Nr. 2,

2.3

Fenster und Türen und die dafür bestimmten Öffnungen in Außenwänden und in Dachflächen bestehender Gebäude, unter dem Vorbehalt des Abschnitts V Nr. 5,

2.4

Außenwandverkleidungen, Verblendungen, Dämmputz, Wärmedämmverbundsysteme, Verkleidungen und Verblendungen von Balkonbrüstungen, ausgenommen bei Hochhäusern, sowie Anstrich und Verputz baulicher Anlagen,

2.5

Dächer von bestehenden Gebäuden einschließlich der Dachkonstruktion

97

und der Dämmung unter den Vorbehalten des Abschnitts V Nr. 1 und 3.

3.

Energieerzeugungsanlagen

3.1

Auswechselung von Feuerstätten einschließlich Verbindungsstücke, unter den Vorbehalten des Abschnitts V Nr. 4 und 5,

3.2

Feuerstätten bis insgesamt nicht mehr als 350 kW Nennwärmeleistung und zugehörige Verbindungsstücke einschließlich der Abgasanlagen und Schächte, unter den Vorbehalten des Abschnitts V Nr. 4 und 5,

3.3

Abgasanlagen für den ausschließlichen Anschluss von Regelfeuerstätten bis 350 kW Gesamtnennwärmeleistung, unter den Vorbehalten des Abschnitts V Nr. 4 und 5,

3.4

Querschnittsveränderungen von Schornsteinen für den ausschließlichen Anschluss von Regelfeuerstätten bis 350 kW Gesamtnennwärmeleistung, unter den Vorbehalten des Abschnitts V Nr. 4 und 5,

3.5

Anlagen der Kraft-Wärme-Kopplung, wie Blockheizkraftwerke (BHKW), mit einer Feuerungswärmeleistung von insgesamt nicht mehr als 350 kW einschließlich zugehöriger Leitungen zur Abführung der Verbrennungsgase, unter den Vorbehalten des Abschnitts V Nr. 4 und 5, bei Anlagen außerhalb von Gebäuden auch unter dem Vorbehalt des Abschnitts V Nr. 1,

3.6

Verbrennungsmotorisch betriebene Wärmepumpen, feuerbeheizte Sorptionswärmepumpen und entsprechend betriebene Kälteaggregate bis insgesamt nicht mehr als 350 kW Feuerungswärmeleistung; hierzu erforderliche Abgasleitungen sind eingeschlossen, jeweils unter den Vorbehalten des Abschnitts V Nr. 4 und 5,

3.7

elektrisch betriebene Wärmeerzeuger,

3.8

elektrisch betriebene Wärmepumpen und Kälteaggregate bis 1 000 kW gesamter elektrischer Aufnahmeleistung, unter dem Vorbehalt des Abschnitts V Nr. 5,

3.9

Solarenergieanlagen, Sonnenkollektoren und Fotovoltaikanlagen in der Dachfläche, in der Fassade oder auf Flachdächern, im übrigen bis zu einer Fläche von 10 m^2 ,

3.10

Gasregler- und Transformatorenstationen, jeweils bis 50 m^3 Brutto-Rauminhalt,

3.11

Kleinwindanlagen bis zu 10 m Anlagengesamthöhe in Gewerbe- und Industriebieten sowie in vergleichbaren Sondergebieten und in im Zusammenhang bebauten Ortsteilen, die diesen Gebieten nach Art ihrer tatsächlichen baulichen oder sonstigen Nutzung entsprechen.

4.

Leitungen, Einrichtungen und Anlagen für Lüftung, Wasser- und Energieversorgung, Abwasserbeseitigung und Fernmeldewesen

4.1

Lüftungsleitungen, Leitungen von Klimaanlagen und Warmluftheizungen, Installationsschächte und -kanäle, ausgenommen in Sonderbauten; soweit sie durch Decken oder Wände geführt werden, für die eine Feuerwiderstandsfähigkeit vorgeschrieben ist, unter den Vorbehalten des Abschnitts V Nr. 2 und 5,

4.2

Leitungen, Einrichtungen und Armaturen für Wasser, Abwasser, Niederschlagswasser einschließlich zugehörige Sickerschächte, für Gas, Elektrizität oder Wärme und Leitungen für die Datenübertragung,

4.3

Brunnen,

4.4

Wasser- und Warmwasserversorgungsanlagen in Gebäuden, ausgenommen Feuerstätten,

4.5

Abwasserbehandlungsanlagen für häusliches Abwasser, die für einen Abwasseranfall von weniger als 3 kg biochemischer Sauerstoffbedarf (BSB_5) oder 8 m^3 täglich bemessen sind, unter dem Vorbehalt des Abschnitts V Nr. 5,

4.6

Anlagen zur Verteilung von Wärme bei Warmwasser- und Niederdruckdampfheizungen,

4.7

Be- und Entwässerungsanlagen auf land- oder forstwirtschaftlich oder erwerbsgärtnerisch genutzten Flächen.

5.

Antennen, Masten, Unterstützungen und ähnliche bauliche Anlagen und Einrichtungen

5.1

Antennenanlagen

5.1.1

bis 10 m Gesamthöhe und bei Parabolantennen mit Reflektordurchmesser bis 1,20 m,

5.1.2

zugehörige Versorgungseinheiten und Funkcontainer

a)

bis zu 10 m^3 Brutto-Rauminhalt in, an oder auf baulichen Anlagen unter dem Vorbehalt des Abschnitts V Nr. 1, bei mehr als 5 m^3 Brutto-Rauminhalt auch unter dem Vorbehalt des Abschnitts V Nr. 3,

b)

100

sonstige Versorgungseinheiten und Funkcontainer bis 50 m^3 Brutto-Rauminhalt außerhalb von Gebäuden unter dem Vorbehalt des Abschnitts V Nr. 1,

5.2

Antennenanlagen, die nicht länger als drei Monate aufgestellt werden (ortsveränderliche Antennenanlagen),

5.3

Masten und Unterstützungen

5.3.1

für Freileitungen zur Versorgung mit elektrischer Energie,

5.3.2

für Fernsprechleitungen sowie Leitungen zur Datenübertragung,

5.3.3

für öffentlichen Zwecken dienende Sirenen,

5.3.4

für Flaggen und Fahnen, soweit sie nicht der Werbung dienen,

5.3.5

bis 10 m Höhe für Flutlicht auf Sportanlagen, unter den Vorbehalten des Abschnitts V Nr. 1 und 5,

5.3.6

die aus Gründen des Brauchtums errichtet werden,

5.3.7

für Seilbahnen, die der Lastenbeförderung dienen und nicht über öffentliche Verkehrsflächen führen,

5.4

Signalhochbauten der Landesvermessung,

5.5

Blitzschutzanlagen.

6.

Behälter, Wasserbecken

6.1

Behälter für verflüssigte Gase bis 3 t Fassungsvermögen, unter dem Vorbehalt des Abschnitts V Nr. 5,

6.2

Behälter für nicht verflüssigte Gase bis 6 m^3 Behälterinhalt, unter dem Vorbehalt des Abschnitts V Nr. 5,

6.3

Behälter für brennbare Flüssigkeiten oder für wassergefährdende Stoffe bis 5 m^3 Rauminhalt, einschließlich Rohrleitungen, Auffangräumen und Auffangvorrichtungen sowie zugehörige Betriebs- und Sicherheitseinrichtungen und Schutzvorkehrungen, unter dem Vorbehalt des Abschnitts V Nr. 5,

6.4

sonstige drucklose Behälter bis 50 m^3 Behälterinhalt und bis 3 m Höhe oder Tiefe,

6.5

Gülle- und Jauchebehälter und -gruben mit einem Rauminhalt bis zu 50 m^3 und einer Höhe oder Tiefe bis zu 3 m,

6.6

Wasserbecken bis 100 m^3 Rauminhalt und 2 m Tiefe, bei einer Tiefe von mehr als 1,50 m bis 2 m unter dem Vorbehalt des Abschnitts V Nr. 3.

7.

Einfriedungen, Terrassentrennwände, Stützmauern, Brücken, Durchlässe

7.1

Einfriedungen und Terrassentrennwände bis 2 m Höhe, offene Einfriedungen im Außenbereich,

7.2

Stützmauern, bei einer Höhe von mehr als 1,50 m unter dem Vorbehalt des Abschnitts V Nr. 3,

7.3

Brücken und Durchlässe bis 10 m lichte Weite; bei mehr als 5 m lichter Weite oder bei einer Belastung von mehr als 12,5 t unter dem Vorbehalt des Abschnitts V Nr. 3.

8.

Bauliche Anlagen auf Camping- und Wochenendplätzen

8.1

Wohnwagen, Zelte und bauliche Anlagen, die keine Gebäude sind, auf bauaufsichtlich genehmigten Campingplätzen,

8.2

bauliche Anlagen, die keine Gebäude sind, auf bauaufsichtlich genehmigten Wochenendplätzen.

9.

Anlagen in Gärten und zur Freizeitgestaltung

9.1

Anlagen, die der Gartennutzung, der Gartengestaltung, der zweckentsprechenden Einrichtung von Gärten oder wohnungswirtschaftlichen Zwecken dienen, wie Sitzgruppen, Pergolen, nicht überdachte Terrassen bis 1 m Höhe über Geländeoberfläche, ausgenommen Gebäude und Einfriedungen,

9.2

bauliche Anlagen, die der zweckentsprechenden Einrichtung von Spiel-, Abenteuerspiel-, Bolz- und Sportplätzen dienen, wie Tore für Ballspiele, Schaukeln und Klettergerüste, ausgenommen Gebäude und Tribünen,

9.3

bauliche Anlagen für Trimmpfade,

9.4

Sprungschanzen, Sprungtürme und Rutschbahnen bis 10 m Höhe, bei mehr als 5 m bis 10 m Höhe unter dem Vorbehalt des Abschnitts V Nr. 3,

9.5

luftgetragene Schwimmbeckenüberdachungen bis 100 m^2 Brutto-Grundfläche.

10.

Werbeanlagen, Warenautomaten

10.1

Werbeanlagen,

10.1.1

mit einer Ansichtsfläche bis 1 m^2 ,

10.1.2

die vorübergehend an der Stätte der Leistung angebracht oder aufgestellt werden, wenn sie nicht fest mit dem Boden oder anderen baulichen Anlagen verbunden sind,

10.1.3

für zeitlich begrenzte Veranstaltungen,

10.1.4

die nicht vom öffentlichen Verkehrsraum aus sichtbar sind,

10.1.5

in durch Bebauungsplan festgesetzten Gewerbe-, Industrie- und vergleichbaren Sondergebieten an der Stätte der Leistung, an und auf Flugplätzen, Sportanlagen, an und in abgegrenzten Versammlungsstätten sowie auf Ausstellungs- und Messegeländen; sie dürfen nicht in die freie Landschaft wirken,

10.1.6

im Geltungsbereich einer Satzung nach § 81 Abs. 1 Satz 1 Nr. 1, wenn die Satzung Festsetzungen über Art, Größe und Anbringungsort der Werbeanlagen enthält und die Werbeanlagen diesen Festsetzungen entsprechen,

10.1.7

als Zeichen, die auf abseits oder versteckt gelegene Stätten hinweisen (Hinweiszeichen),

10.1.8

als Schilder, die Inhaberinnen oder Inhaber und Art gewerblicher oder landwirtschaftlicher Betriebe kennzeichnen (Hinweisschilder), wenn sie vor Ortsdurchfahrten auf einer einzigen Tafel zusammengefasst sind,

10.2

Warenautomaten.

11.

Fliegende Bauten und sonstige vorübergehend aufgestellte oder genutzte bauliche Anlagen

11.1

Fliegende Bauten bis 5 m Höhe, die nicht dazu bestimmt sind, von Besucherinnen oder Besuchern betreten zu werden,

11.2

Fliegende Bauten bis 5 m Höhe, die für Kinder betrieben werden und eine Geschwindigkeit von höchstens 1 m/s haben,

11.3

Bühnen, die Fliegende Bauten sind, einschließlich Überdachungen und sonstiger Aufbauten bis 5 m Höhe, mit einer Brutto-Grundfläche bis 100 m^2 und einer Fußbodenhöhe bis 1,50 m,

11.4

Zelte, die Fliegende Bauten sind, mit einer Brutto-Grundfläche bis 100 m^2 ,

11.5

Bühnenaufbauten, Kulissen und technische Bühneneinrichtungen, wie Beschallungs- und Beleuchtungsträger, in Theaterbauten und anderen für diese Nutzung genehmigten Veranstaltungsräumen oder -hallen,

11.6

Toilettenanlagen für Veranstaltungen,

11.7

Gerüste

11.7.1

der Regelausführung,

11.7.2

Traggerüste bis zu 5 m Höhe unter dem Vorbehalt des Abschnitts V Nr. 3,

11.8

Baustelleneinrichtungen auf der Baustelle bis zum Abschluss der Bauarbeiten einschließlich der Unterkünfte, der Toilettenanlagen, der Lager- und Schutzhallen, Mischhallen, Silos und Werkstätten,

11.9

vorübergehend genutzte unbefestigte Lagerplätze für landwirtschaftliche, forstwirtschaftliche oder erwerbsgärtnerische Erzeugnisse oder Festmist,

11.10

Folientunnel, die einem landwirtschaftlichen oder erwerbsgärtnerischen Betrieb dienen,

11.11

vorübergehend aufgestellte bauliche Anlagen, die dem Verkauf landwirtschaftlicher oder erwerbsgärtnerischer Produkte durch die Erzeugerin oder den Erzeuger dienen, ausgenommen Gebäude,

11.12

Fliegende Bauten und Behelfsbauten, die der Landesverteidigung, dem Katastrophenschutz oder der Unfallhilfe dienen und nur vorübergehend aufgestellt werden,

11.13

bauliche Anlagen, die zu Straßenfesten, Volksfesten, Märkten und ähnlichen Veranstaltungen nur vorübergehend errichtet werden und die keine Fliegenden Bauten sind,

11.14

Messe- und Ausstellungsstände, die nicht länger als drei Monate in Messe-
oder Ausstellungshallen oder auf genehmigtem Messeoder
Ausstellungsgelände errichtet werden, ausgenommen Fliegende Bauten,

11.15

Zeltlager, die nach ihrem erkennbaren Zweck gelegentlich, höchstens für
zwei Monate, errichtet werden,

11.16

behelfsmäßige bauliche Anlagen, die ausschließlich der öffentlichen
Versorgung mit Wasser, Gas, Elektrizität, Wärme, der öffentlichen
Abwasserbeseitigung oder der Telekommunikation dienen und höchstens
für drei Monate errichtet werden,

11.17

Anlagen zur Boden- und Grundwassersanierung.

12.

Aufschüttungen, Abgrabungen, Plätze

12.1

selbständige Aufschüttungen oder Abgrabungen bis 2 m Höhe oder Tiefe
und bis 30 m^2, im Außenbereich bis 300 m^2 Grundfläche,

12.2

Aufschüttungen oder Abgrabungen zur Behandlung, Lagerung oder
Ablagerung von Abfällen,

12.3

Aufschüttungen, die der landwirtschaftlichen oder erwerbsgärtnerischen
Bodenverbesserung dienen,

12.4

Stellplätze für Kraftfahrzeuge bis 50 m^2 Grundfläche, einschließlich
Zufahrten mit nicht mehr als 200 m^2 Grundfläche,

12.5

Abstellplätze für Fahrräder,

12.6

Ausstellungsplätze bis 300 m^2 Fläche in durch Bebauungsplan festgesetzten Gewerbe- und Industriegebieten,

12.7

Kinderspielplätze,

12.8

Reit- und Bewegungsplätze im Außenbereich,

12.9

Plätze für das landschaftsangepasste Lagern von Brennholz für den Eigenbedarf bis zu 40 m^3 Rauminhalt je Flurstück; bei mehr als 10 m^3 unter dem Vorbehalt des Abschnitts V Nr. 1.

13.

Sonstige Anlagen und Einrichtungen

13.1

Fahrradabstellanlagen, als Gebäude bis 30 m^2 Brutto-Grundfläche,

13.2

Denkmäler, Skulpturen und ähnliche Anlagen bis 4 m Höhe, mit Ausnahme von Gebäuden,

13.3

Fahrzeugwaagen,

13.4

künstliche Hohlräume unter der Erdoberfläche bis 100 m^3 Rauminhalt,

13.5

private Wege auf und zu Baugrundstücken,

13.6

land- und forstwirtschaftliche und erwerbsgärtnerische Wirtschaftswege,

13.7

Fütterungs- und Melkstände der Landwirtschaft,

13.8

Hilfsfundamente für fahrbare, jedoch ortsfest betriebene landwirtschaftliche Maschinen, wie Trockner und Dämpfanlagen, sowie landwirtschaftliche Arbeitsgerüste, wie Heutrocknungs- und Pflückgerüste,

13.9

Hochsitze mit einer Grundfläche bis 4 m^2 und Wildfütterungsstände,

13.10

fahrbare Schutzhütten für die Wanderschäferei und Imkerei,

13.11

Treppenaufzüge in Wohngebäuden,

13.12

Markisen, Fensterläden und Rollläden, außer wenn sie gleichzeitig als Werbeanlage dienen,

13.13

Anlagen, ausgenommen Gebäude und Überbrückungen, in einem Gewässer, an dessen Ufer, und in Überschwemmungsgebieten, soweit diese einem wasserrechtlichen Zulassungsverfahren unterliegen,

13.14

Anlagen im Sinne des Gerätesicherheitsgesetzes oder deren Teile, die nach den aufgrund des Gerätesicherheitsgesetzes erlassenen Vorschriften erlaubnispflichtig oder überwachungsbedürftig sind,

13.15

andere vergleichbare unbedeutende Anlagen und Einrichtungen, soweit sie nicht bereits in Nr. 1 bis 12 und Nr. 13.1 bis 13.6 aufgeführt sind; Freistellungsvorbehalte der vergleichbaren Anlagen und Einrichtungen gelten entsprechend.

109

II

Ausbau, Auswechselung, bauliche Änderung

1.

der Ausbau von bestehenden Wohngebäuden der Gebäudeklassen 1 bis 3 und von bestehenden landwirtschaftlichen Betriebsgebäuden der Gebäudeklasse 1 ohne Nutzungsänderung sowie ohne Änderung der tragenden Konstruktion und der äußeren Gestalt,

2.

die Auswechselung von haustechnischen Anlagen, wie Wasserversorgungs-, Abwasserbeseitigungs-, Lüftungsanlagen und Elektroinstallationen, ausgenommen Feuerstätten,

3.

die Erneuerung und Auswechselung von Dächern und Dachteilen ohne Eingriff in die Konstruktion bei bestehenden Gebäuden der Gebäudeklassen 1 bis 3,

4.

die bauliche Änderung und die Änderung der äußeren Gestaltung von baulichen Anlagen durch die Errichtung, An- oder Einbringung von Anlagen und Einrichtungen nach Abschnitt I Nr. 3.9 und 5.1,

5.

die bauliche Änderung von baulichen und anderen Anlagen und Einrichtungen nach Abschnitt I, sofern diese auch in geänderter Ausführung baugenehmigungsfrei wären; Freistellungsvorbehalte gelten entsprechend.

III

Nutzungsänderung

1.

die Nutzungsänderung von baulichen Anlagen und Räumen, wenn für die neue Nutzung keine anderen oder weitergehenden öffentlich-rechtlichen, insbesondere auch bauplanungsrechtlichen Anforderungen als für die bisherige Nutzung in Betracht kommen,

2.

die Nutzungsänderung von Räumen im Zuge der Modernisierung von Nutzungseinheiten, wenn die Nutzung der Nutzungseinheit beibehalten wird,

3.

die Nutzungsänderung von baulichen Anlagen und Räumen durch die Errichtung, An- oder Einbringung von Anlagen und Einrichtungen nach Abschnitt I Nr. 3.9 und 5.1,

4.

die Nutzungsänderung von baulichen und sonstigen Anlagen und Einrichtungen nach Abschnitt I, sofern diese auch bei geänderter Nutzung genehmigungsfrei wären.

IV

Abbruch, Beseitigung

1.

bauliche Anlagen, andere Anlagen und Einrichtungen nach Abschnitt I,

2.

Gebäude bis 300 m^3 Brutto-Rauminhalt unter dem Vorbehalt des Abschnitts V Nr. 5,

3.

Gebäude bis 150 m^2 Brutto-Grundfläche, die einem land- oder forstwirtschaftlichen oder erwerbsgärtnerischen Betrieb dienen, unter dem Vorbehalt des Abschnitts V Nr. 5,

4.

Behälter bis 150 m^3 Behälterinhalt,

5.

Feuerstätten und ihre Verbindungsstücke,

6.

Transformatoren- und Gasreglerstationen sowie Funkcontainer,

7.

Gerüste.

V

Freistellungsvorbehalte

1.

Beteiligung der Gemeinde

[1] Der Gemeinde ist das beabsichtigte Vorhaben durch Einreichen der erforderlichen Bauvorlagen schriftlich zur Kenntnis zu geben, soweit das Vorhaben nicht dem naturschutzrechtlichen Eingriffsgenehmigungsverfahren unterliegt oder eine Ausnahmegenehmigung von einer Veränderungssperre erforderlich ist. [2] Mit dem Vorhaben darf 14 Tage nach Eingang der erforderlichen Bauvorlagen bei der Gemeinde begonnen werden, wenn die Gemeinde der Bauherrschaft nicht schriftlich erklärt, dass ein Baugenehmigungsverfahren durchgeführt werden soll, oder eine vorläufige Untersagung nach § 15 Abs. 1 Satz 2 des Baugesetzbuches beantragt. [3] Teilt die Gemeinde der Bauherrschaft vor Ablauf der Frist schriftlich mit, dass kein Baugenehmigungsverfahren durchgeführt werden soll und sie eine vorläufige Untersagung nach § 15 Abs. 1 Satz 2 BauGB nicht beantragen wird, darf die Bauherrschaft bereits vor Ablauf der Frist nach Satz 2 mit der Ausführung des Vorhabens beginnen. [4] Die Gemeinde kann durch Satzung bestimmen, dass im Gemeindegebiet oder in genau bezeichneten Teilen davon bestimmte Vorhaben von der Verpflichtung nach Satz 1 ausgenommen sind; § 81 Abs. 4 gilt entsprechend.

2.

Beteiligung von Bauvorlageberechtigten

Das Vorhaben darf erst ausgeführt werden, wenn eine für die jeweilige bauliche Anlage nach § 49 Abs. 3 bis 6 bauvorlageberechtigte Person die statisch-konstruktive und brandschutztechnische Unbedenklichkeit festgestellt und der Bauherrschaft bescheinigt hat.

3.

Beteiligung von Nachweisberechtigten

[1] Das Vorhaben darf erst ausgeführt werden, wenn eine hierfür nach § 59 Abs. 3 Satz 2 berechtigte Person die statisch-konstruktive Unbedenklichkeit festgestellt und der Bauherrschaft bescheinigt hat. [2] In den Fällen des Abschnitts I Nr. 2.1, 2.5, 7.4, 9.4 und 11.7.2 kann bei schwieriger Bauausführung in der Bescheinigung das Erfordernis einer

Bauüberwachung nach § 73 Abs. 2 Satz 2 festgelegt werden.

4.

Beteiligung von Sachverständigen für Energieerzeugungsanlagen

[1] Anlagen dürfen erst dauerhaft in Betrieb genommen werden, wenn die sichere Benutzbarkeit sowie die ordnungsgemäße Abführung der Abgase durch eine nach § 59 Abs. 6 berechtigte Person festgestellt und der Bauherrschaft bescheinigt ist. [2] § 65 Abs. 3 Satz 1 Nr. 2 gilt entsprechend.

5.

Beauftragung von Fachfirmen

Die Bauherrschaft hat eine branchenspezifische Fachfirma mit der Ausführung des Vorhabens zu beauftragen.

www.ingramcontent.com/pod-product-compliance
Lightning Source LLC
Chambersburg PA
CBHW070818180526
45168CB00002B/665